Kathrin Bornebusch
Katrin Engmann
Claudia Schleske

PRAXISHELFER INKLUSION

Förderschwerpunkt Emotional-soziale Entwicklung

Schwierige Situationen im Unterrichtsalltag meistern

Cornelsen

Redaktion: Sibylle Krämer
Moderation: Ruth Dolenc-Petz, Meitingen
Illustration: Kristina Klotz, München
Umschlaggestaltung: Corinna Babylon, Berlin
Umschlagfotos: Fotolia/by-studio
Technische Umsetzung: krauß-verlagsservice, Augsburg

www.cornelsen.de

4. Auflage 2020

Alle Drucke dieser Auflage sind inhaltlich unverändert
und können im Unterricht nebeneinander verwendet werden.

© 2017 Cornelsen Verlag GmbH, Berlin
© 2014 Oldenbourg Schulbuchverlag GmbH, München

Das Werk und seine Teile sind urheberrechtlich geschützt.
Jede Nutzung in anderen als den gesetzlich zugelassenen Fällen bedarf
der vorherigen schriftlichen Einwilligung des Verlages.
Hinweis zu §§ 60a, 60b UrhG: Weder das Werk noch seine Teile dürfen ohne eine solche
Einwilligung an Schulen oder in Unterrichts- und Lehrmedien (§ 60b Abs. 3 UrhG) vervielfältigt,
insbesondere kopiert oder eingescannt, verbreitet oder in ein Netzwerk eingestellt oder
sonst öffentlich zugänglich gemacht oder wiedergegeben werden.
Dies gilt auch für Intranets von Schulen.

Druck: H. Heenemann, Berlin

ISBN 978-3-589-15425-8

PEFC zertifiziert
Dieses Produkt stammt aus nachhaltig
bewirtschafteten Wäldern und kontrollierten
Quellen.
www.pefc.de

Inhaltsverzeichnis

Vorwort 5

Inklusion – Schule für alle 6

**Einführung in den Förderschwerpunkt
Emotional-soziale Entwicklung** 10

**Schülerinnen und Schüler mit Förderbedarf
im emotional-sozialen Bereich** 18

1. Handlungsmöglichkeiten der Lehrer-Schüler-Interaktion 31
1.1 Lehrer-Schüler-Beziehung 31
1.2 Kleintechniken – Es gibt so vieles, was ich tun kann! 35
1.3 Verhaltensmodifikation 45

2. Handlungsmöglichkeiten auf Klassenebene 51
2.1 Organisation und Management im Klassenzimmer 51
2.2 Grundsätze für den Unterricht 55
2.3 Unterrichtsmethoden 59
2.3.1 Soziales Lernen 60
2.3.2 Kooperatives Lernen 61
2.3.3 Mitbestimmung im Lernen 64
2.3.4 Rollenspiel 67
2.4 Rituale und Struktur 69
2.5 Reflexionen und Feedback 84
2.6 Verstärkersysteme und Belohnungen 89
2.7 Klassenklima und Team-/Interaktionsspiele 96
2.8 Sozialwirksame Stunden 109
2.8.1 Sozialtrainings 109
2.8.2 Der Einsatz von Bilderbüchern 116
2.8.3 Der Klassenrat 125
2.8.4 Zur Ruhe kommen 130
2.9 Pausen, offene Situationen und Fachstunden 134
2.9.1 Pausen 134
2.9.2 Offene Situationen 136
2.9.3 Fachstunden, Fachlehrer 137

3. Handlungsmöglichkeiten auf Schulebene 138
3.1 Schulregeln und -konsequenzen 138
3.2 Klassenübergreifende Hilfesysteme 143

4.	**Handlungsmöglichkeiten im Kollegium**		**147**
4.1	Team-Teaching und Hospitationen		147
4.2	Kollegiale Beratung und Fallbesprechungen		149
4.3	Coaching und Supervision		153
5.	**Kooperation mit den Eltern**		**154**
5.1	Lehrer-Eltern-Beziehung		155
5.2	Elternabende		158
6.	**Netzwerke**		**161**
7.	**Psychohygiene**		**163**
7.1	Zeitmanagement		163
7.2	Humor		165
7.3	Und zum Schluss		167
	Literaturverzeichnis		**168**
	Inhaltsverzeichnis zur CD-ROM		**173**

Vorwort

Das Thema Inklusion ist spätestens seit Inkrafttreten der UN-Behindertenrechtskonvention 2009 in Deutschland in unser Bewusstsein gerückt. Die UN-Konvention sieht vor, Menschen mit Behinderungen nicht länger auszugrenzen, sondern ihnen eine gleichberechtigte Teilhabe an allen gesellschaftlichen Prozessen zu ermöglichen. Bezogen auf Schule bedeutet dies, dass Kinder und Jugendliche mit Förderbedarf nicht länger getrennt unterrichtet werden sollen. Vielmehr geht es darum, eine Schule für alle zu schaffen. Dieses Anliegen ist wichtig – löst aber bei vielen Lehrerinnen und Lehrern* große Verunsicherung aus und stellt sie beispielsweise vor folgende Fragen:

- Wie werde ich den Bedürfnissen der unterschiedlichen Kinder gerecht?
- Wie kann ich meinen Unterricht und die Beziehung zu den Kindern gestalten, um ein für alle positives und effektives Lernklima zu schaffen?
- Was kann mir helfen, um mich vor Überforderung angesichts dieser neuen Herausforderungen zu schützen?

Insbesondere Kinder mit dem Förderschwerpunkt emotional-soziale Entwicklung bringen uns immer wieder an unsere Grenzen. In vielen Klassen ist der Leidensdruck bei Lehrern und Mitschülern hoch. Doch gerade diese Kinder brauchen unsere Unterstützung besonders.

Mit dem Praxishelfer INKLUSION wollen wir Sie zu einem Blickwechsel auf diese Kinder ermutigen und Ihnen Tipps und Hinweise an die Hand geben, die sich im Schulalltag bewährt haben. Neben konkreten, praxisnahen Ideen finden Sie im ersten Kapitel theoretische Grundlagen zu dieser Thematik. Das Buch soll als Ideensammlung dienen, um (sonder-)pädagogisches Wissen und Handeln zu festigen, zu strukturieren, zu variieren und zu erweitern. Zusätzlich bietet Ihnen die beiliegende CD-ROM die Möglichkeit, sämtliche Kopiervorlagen zu verändern und so an die individuelle Lernsituation Ihrer Schüler anzupassen.

Grundlage für ein Gelingen ist dabei immer die eigene pädagogische Haltung und Sichtweise: Ein positives Menschenbild und gegenseitige Wertschätzung, verbunden mit lösungsorientierter Herangehensweise, eröffnet auch im oftmals starren System Schule neue, andere Möglichkeiten pädagogischen Handelns.

Im Sinne von „Wenn sich etwas verändern soll, muss **ich** etwas verändern" wünschen wir Ihnen gutes Gelingen, viel Mut und Spaß beim Ausprobieren sowie eine anregende Lektüre!

* Aus Gründen der leichteren Lesbarkeit haben wir in diesem Buch die männliche Form gewählt. Selbstverständlich sind immer Lehrerinnen und Lehrer, Schülerinnen und Schüler, Pädagoginnen und Pädagogen gleichermaßen gemeint.

Inklusion – Schule für alle

Die Bundesrepublik Deutschland hat am 26.03.2009 die „UN-Convention on the Rights of Persons with disability (CRPD)", also das „Übereinkommen über die Rechte von Menschen mit Behinderungen", von der Öffentlichkeit kaum wahrgenommen, ratifiziert. Damals war wohl den wenigsten Bürgern des Landes bewusst, welch weitreichende und umgreifende Auswirkungen dieser Schritt für unsere Gesellschaft haben würde.
Doch worin genau besteht der Kerngedanke dieser UN-Behindertenrechtskonvention? Der folgende Auszug aus Artikel 1 gibt darüber Auskunft:

Artikel 1
Zweck
Zweck dieses Übereinkommens ist es, den vollen und gleichberechtigten Genuss aller Menschenrechte und Grundfreiheiten durch alle Menschen mit Behinderungen zu fördern, zu schützen und zu gewährleisten und die Achtung der ihnen innewohnenden Würde zu fördern.
Zu den Menschen mit Behinderungen zählen Menschen, die langfristige körperliche, seelische, geistige oder Sinnesbeeinträchtigungen haben, die in Wechselwirkung mit verschiedenen Barrieren ihre volle und wirksame Teilhabe gleichberechtigt mit anderen an der Gesellschaft behindern können.

Damit wurde also ein völkerrechtlich bindendes Grundrecht formuliert, welches eine umfassende Teilhabe an Gesellschaft, Bildung und Beruf für behinderte Mitmenschen garantiert.

Inklusion und Bildungspolitik

Auch wenn die Einlösung dieser Grundrechte eine gesamtgesellschaftliche Aufgabe darstellt, kommt der Schule hierbei eine besondere Bedeutung zu. Schule beeinflusst durch ihr Unterrichts- und Erziehungsangebot gesellschaftliche Einwicklungen und unterstützt neues Denken.
In Artikel 24 werden die Aufgaben der gesellschaftlichen Bildungssysteme beschrieben:

Artikel 24
Bildung
(1) Die Vertragsstaaten anerkennen das Recht von Menschen mit Behinderungen auf Bildung. Um dieses Recht ohne Diskriminierung und auf der Grundlage der Chancengleichheit zu verwirklichen, gewährleisten die Vertragsstaaten ein inklusives Bildungssystem auf allen Ebenen (...).

Dies setzt eine völlig neue pädagogische Sichtweise voraus: Haben wir bisher Schülerinnen und Schüler in einem hochdifferenzierten Schulsystem den jeweils „passenden" Schularten zugeführt, so sollen zukünftig die allgemeinen Schulen ein flexibles und passgenaues Unterrichtsangebot vorhalten können, welches allen Schülern gerecht wird. Nicht der Schüler muss in die passende Schule – die Schule wird „passend" für alle Schülerinnen und Schüler.

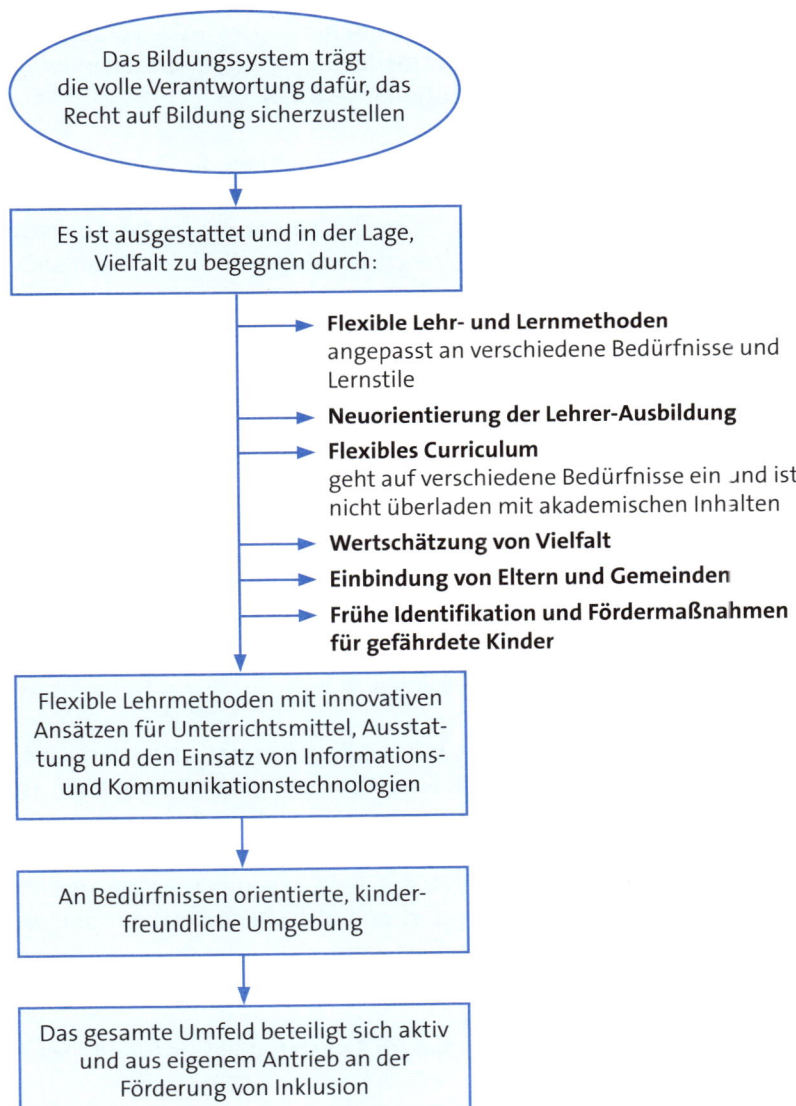

Barbara Malina (Hg.): Inklusion: Leitlinien für die Bildungspolitik. Deutsche UNESCO-Kommission e.V., Bonn 2009 (Policy Guidelines on Inclusion in Education. Paris: UNESCO 2009, S. 15)

Schülerinnen und Schüler in der inklusiven Schule

Bereits 1992 forderte Jakob Muth das Menschenrecht auf gemeinsamen Unterricht und stellt dabei fest, dass die Einlösung eines Menschenrechts weder empirisch belegt noch begründet werden müsste. Nachdem nach fast 20 Jahren dieses Menschenrecht Realität geworden ist, sprechen nun zusätzlich auch aus pädagogischer und gesellschaftlicher Sicht genügend gute Gründe für einen gemeinsamen Unterricht, sodass auch vonseiten der Sonderpädagogik eine integrative/inklusive Förderpraxis zunehmend in die pädagogischen Überlegungen mit einbezogen wurde (u. a. Heimlich 1999; Werning/Lütje-Klose 2003).

Und auch Forschungsergebnisse nähren die Zweifel am Nutzen des bisherigen Förderschulkonzeptes. Zahlreiche wissenschaftliche Untersuchungen belegen, dass die Förderschule die angestrebten Erfolge nicht erzielen kann. Zuletzt bestätigte dies eine Untersuchung zur Langzeitwirkung der schulischen Integration aus der Schweiz. Das Team um den Heilpädagogen Urs Haeberlin zeigte anhand einer Befragung von 450 18-Jährigen, nach Ausschluss aller weiteren Einflussfaktoren, hochsignifikant, dass die Jungerwachsenen mit inklusiver Schulerfahrung

- häufiger und um das 2,5-fache qualitativ höherwertige Ausbildungsgänge absolvieren,
- ein besseres Selbstwertgefühl entwickeln,
- ein positiveres Selbstkonzept zur Einschätzung eigener Möglichkeiten und Grenzen besitzen,
- mehr in Freundschaften und sozialen Netzwerken verankert sind und
- eine positivere Einstellung zu Ausländern und anderen gesellschaftlichen Randgruppen besitzen.

Die inklusive Schule, wie sie heute in der UN-Encarta als Ziel aktueller Schulentwicklung und als Menschenrecht beschrieben ist, richtet sich mit ihrem Unterrichtsangebot an alle Schülerinnen und Schüler mit ihren individuellen Bedürfnissen und unterschiedlichen Kompetenzniveaus. Sie verzichtet auf jede Marginalisierung und Aussonderung. Kategorien wie behindert und nicht behindert, mit und ohne sonderpädagogischen Förderbedarf werden überflüssig.

Inklusiver Unterricht
- realisiert ein hohes Maß an Selbstständigkeit für alle Schülerinnen und Schüler,
- ermöglicht sowohl mehr Lehrer- als auch mehr Schülerhilfe,
- ist geprägt von den Grundelementen des offenen Unterrichts wie Freiarbeit, Spiel, Morgenkreis, Projekte, Wochenplan usw.,

- enthält aber ebenso strukturiert-lehrerzentrierte Elemente, wie Klassenunterricht, Regeln, Rituale,
- fördert das kooperative Lernen in heterogenen Lerngruppen (vgl. Heimlich 2005).

Das bedeutet eine weitgehende Veränderung von Schule und Unterricht und fordert von allen Beteiligten eine entsprechende Haltung und Wertesicht sowie hohes fachliches Engagement und Können. Wenn im Bemühen um die inklusive Schule Sonderpädagogik und allgemeine Pädagogik erfolgreich zusammenwirken und Inklusion nicht zu einem Sparmodell wird, sollte uns dies aber gelingen.

Ulrich Petz
Institutsrektor
Akademie für Lehrerfortbildung und Personalführung/Dillingen
Ref. Sonderpädagogik

Einführung in den Förderschwerpunkt Emotional-soziale Entwicklung

„Bevor ein Kind Schwierigkeiten macht, hat es welche."
Alfred Adler

Dieser Band soll einen kleinen Beitrag dazu leisten, jedem Lehrer „Basiswissen" an die Hand zu geben für den Umgang mit Kindern, die Defizite in ihrer emotionalen und sozialen Entwicklung aufweisen. Ziel ist, dass er mit dieser Hilfestellung die betroffene Schülerschaft und deren spezifische Bedürfnisse leichter einschätzen kann und so sein pädagogisches Handeln festigt, variiert, strukturiert, erweitert und Neues ausprobiert. Dieses komprimierte sonderpädagogische Wissen im Bereich des Förderschwerpunkts emotionale und soziale Entwicklung soll demnach neben der persönlichen Weiterentwicklung durch Fortbildungen ein Baustein zur Erweiterung des professionellen Handlungsrepertoires sein. Besonders die eigene Sichtweise auf den Schüler im Sinne einer pädagogischen Haltung durch ein positives Menschenbild, verbunden mit lösungsorientierter Herangehensweise, ermöglicht auch im oftmals starren System Schule neue, andere Möglichkeiten pädagogischen Handelns.

> Sie können in diesem Kapitel tiefer in die theoretischen Grundlagen der Sonderpädagogik eintauchen, um mehr über wichtige Begrifflichkeiten, Erscheinungsformen, Ursachen und Erklärungsmodelle im Bereich der sozial-emotionalen Entwicklung zu erfahren. Alternativ können Sie natürlich frei nach Lust und Frust zum Kapitel Ihrer Wahl blättern, um eventuell später noch einmal zu den Grundlagen zurückzukehren.

Erklärung wesentlicher Begrifflichkeiten

„Mir fallen immer mehr Kinder mit auffälligem Verhalten auf!" So könnte eine aktuelle Aussage eines Lehrers lauten. Bestimmt hat jeder eine Vorstellung von auffälligem Verhalten. Sicherlich gelingt es uns als Pädagogen besonders, auffallendes Verhalten zu erkennen. Vielleicht nehmen wir diese Verhaltensweisen jedoch anders wahr als die Kollegen? Können wir dieses Verhalten überhaupt verstehen? Was bedeutet „auffälliges" Verhalten? Wer bestimmt, was als „verhaltensauffällig" bezeichnet wird? Wann ist etwas anders als „normal" und was bedeutet „normal" überhaupt?

Was heißt schon „normal"?

Abweichendes Verhalten setzt eine Norm und diese wiederum einen Bezugsrahmen voraus, der vorgibt, was unter „normal" zu sehen ist. Die Norm orientiert sich an statistischen Häufigkeiten. Normal ist also, was die Mehrheit darstellt. Hier zeigt sich die Schwierigkeit dieser normativen Bestimmung, weshalb im Folgenden auf den Begriff „normal" verzichtet wird.

Die Begriffsbestimmung im Rahmen von Verhaltensauffälligkeiten und Verhaltensstörungen ist seit jeher schwierig. Die 1981 durch Havers geforderte „Objektivität" eines Klassifikationsverfahrens (vgl. Havers 1981, S. 31) verweist auf den Widerspruch, dass dabei eine Unabhängigkeit der einteilenden Person vorliegen müsse. Lehrer sind jedoch Teil des Systems Schule und daher nur eingeschränkt in der Lage, unabhängige Beobachtungen zu machen. Sowohl der Lehrer als auch der auffallende Schüler gehören dem System Schule an. Es kann darüber hinaus vorkommen, dass auffallendes Verhalten auch innerhalb eines Systems unterschiedlich bewertet wird: Jeder Lehrer bewertet als Person subjektiv und eben auch „anders".

Diese zugrunde liegende Sichtweise führt zur Definition der Verhaltensstörung als „Konstruktion des Beobachters" (vgl. Palmowski 2010, S. 94). Der Autor verweist dabei auch auf die Bedeutung unserer Sprache. Diese sei mehr als die „Beschreibung der Wirklichkeit", da sie durch die Art und Weise des Erzählens ebenso Wirklichkeit erzeugt (vgl. ebd., S. 92). Denn würden Sie vermuten, dass der vom Lehrer A als Angeber und sich in den Vordergrund spielend beschriebene Schüler derselbe ist, den Lehrer B als selbstbewusst und seine Stärken geschickt einsetzend bezeichnet? Sicherlich nicht. So ist also auch Ihre Wirklichkeit abhängig von der Art der Beschreibung. Hillenbrand fordert daher, „den Begriff als zusammenfassende Kennzeichnung der Verhaltensweisen einer Person zu verwenden" (Hillenbrand 2002, S. 29). Diese Definition verweist explizit auf die Tatsache, dass nicht eine Person, sondern deren Verhalten als „auffällig" bewertet wird. Dies ist eine wesentliche Voraussetzung für einen adäquaten Umgang mit einem Schüler. Es macht einen entscheidenden Unterschied, ob ich als Lehrer einen Schüler als „aggressiv" bezeichne und ihn damit als Person negativ bewerte („Der Schüler ist aggressiv!"), oder ob ich denselben Schüler beschreibe als einen Jungen, der aktuell nicht über angemessene Möglichkeiten zum Umgang mit Wut verfügt. Bei Letzterem steht sein Verhalten und nicht seine Person im Zentrum. Diese Sichtweise beeinflusst die Lösungssuche positiv: Es ist einfacher, mit einem Schüler Möglichkeiten zum Umgang mit Wut zu erarbeiten, als aus einem aggressiven Schüler einen freundlichen zu machen!

Verhaltensstörung

Obwohl häufig von einer stetigen Zunahme auffälliger Verhaltensweisen die Rede ist, werden in der Sonderpädagogik kaum noch konkrete Angaben zur Häufigkeit gemacht (vgl. Palmowski, 2010, S. 89). Einzig aus der Medizin gibt es diesbezüglich regelmäßig Daten, da hier ein spezielles medizinisches Klassifikationssystem (z. B. ICD-10) zur Bestimmung der verschiedenen Bereiche auffälligen Verhaltens verwendet wird und somit eindeutigere Aussagen im medizinischen Sinne ermöglicht.
Der Begriff der „Verhaltensstörung" lässt sich gut anhand seiner Abgrenzungen erklären. So kann man eine Verhaltensstörung in Abgrenzung zu „Disziplinlosigkeit" und „normalem Verhalten" folgendermaßen beschreiben (nach Arbeitskreis FIT for V, Mittelfranken)*

- Es sind immer mehrere Symptome zu beobachten.
- Die Symptome treten häufig/regelmäßig auf.
- Die Symptome zeigen sich bei unterschiedlichen Personen.
- Das Verhalten wird von verschiedenen Personen gleich beschrieben.
- Das Verhalten ist trotz Ermahnung/Ansprechen weiterhin vorhanden.
- Das Verhalten tritt in verschiedenen Gruppen auf.

Dabei ist zusätzlich der individuell variierende Norm- und Toleranzbereich zu beachten.
Die unterschiedlichen Begrifflichkeiten wie „Verhaltensstörung", „Verhaltensauffälligkeit" und „Verhaltensoriginalität" zeigen, dass sich Sprache im Kontext des Menschenbildes bzw. im Hinblick auf eine bestimmte pädagogische Grundhaltung verändert. Der Bereich der Sonderpädagogik und mit ihm die Verhaltensgestörtenpädagogik hat einen großen Wandel der Begrifflichkeiten durchlaufen. Stigmatisierende Begriffe sollten so vermieden werden. Mittelpunkt der Betrachtung ist immer folgender Personenkreis:
Kinder und Jugendliche, die unterschiedlichste Schwierigkeiten in ihrem Erleben und Verhalten, in ihrer emotionalen und sozialen Entwicklung aufweisen.
Im Kontext der Sonderpädagogik wird „Verhaltensstörung" im Gegensatz zur „Verhaltensauffälligkeit" beschrieben als „überdauernde Krisenkonstellation" (vgl. Myschker 1996, S. 39), die auch aufgrund der „zahlreichen unangemessenen und beeinträchtigenden Verhaltensweisen ohne Hilfe von Außen" (vgl. ebd., S. 39) nicht selbst gemeistert werden kann.
Gängig und aktuell ist noch immer folgende Beschreibung von Verhaltensstörung nach Myschker:

---

* „FIT for V" steht für „Fortbildung, Information und Training zum kompetenten Umgang mit verhaltensauffälligen Schülern" ein Arbeitskreis aus dem Bereich der Förderschulen in Bayern

> „Verhaltensstörung ist …
> 1. … ein von den zeit- und kulturspezifischen Erwartungsnormen
> 2. abweichendes, maladaptives Verhalten, das
> 3. organogen und/oder milieubedingt ist,
> 4. wegen der Mehrdimensionalität,
> 5. der Häufigkeit und
> 6. des Schweregrades
> 7. die Entwicklungs-,
> 8. Lern- und
> 9. Arbeitsfähigkeit sowie
> 10. das Interaktionsgeschehen in der Umwelt beeinträchtigt
> 11. und ohne besondere pädagogisch-therapeutische Hilfe nicht oder nur unzureichend überwunden werden kann."
>
> Quelle: Norbert Myschker, Verhaltensstörungen bei Kindern und Jugendlichen, 6. Auflage, S. 49, © 2009 W. Kohlhammer GmbH, Stuttgart

Diese umfassende Definition weist auf die unterschiedlichen Einflüsse und Zusammenhänge des auffälligen Verhaltens hin, auf das im Folgenden noch genauer eingegangen werden soll.

Orientierung durch Klassifikationssysteme

Myschker klassifiziert den Personenkreis der verhaltensauffälligen Kinder wie folgt:

Kinder und Jugendliche mit **externalisierendem, aggressiv-ausagierendem** Verhalten:	Kinder und Jugendliche mit **sozialisiert-delinquentem** Verhalten:
aggressiv, überaktiv, impulsiv, exzessiv streitend, aufsässig, tyrannisierend, regelverletzend, Aufmerksamkeitsstörungen	verantwortungslos, reizbar, aggressiv-gewalttätig, leicht erregt, leicht frustriert, reuelos, Normen missachtend, risikobereit, niedrige Hemmschwellen, Beziehungsstörungen
Kinder und Jugendliche mit **sozial unreifem** Verhalten:	Kinder und Jugendliche mit **internalisierendem, ängstlich-gehemmtem** Verhalten:
nicht altersentsprechend, leicht ermüdbar, konzentrationsschwach, leistungsschwach, Sprach- und Sprechstörungen	ängstlich, traurig, zurückgezogen, interessenlos, freudlos, somatische Störungen, kränkelnd, Schlafstörungen, Minderwertigkeitsgefühle

Quelle: Norbert Myschker, Verhaltensstörungen bei Kindern und Jugendlichen, 6. Auflage, S. 55, © 2009 W. Kohlhammer GmbH, Stuttgart

Die vorliegende Tabelle ermöglicht einen guten Überblick zur Einordnung der verschiedenen Ausprägungen und Schwierigkeiten. Dabei darf die Bedeutung der internalisierenden, „leisen" Verhaltensstörungen nicht unterschätzt werden. Diese Kinder leiden im Schulalltag häufig ohne unser Wissen, da sie nicht auf den ersten Blick auffallen. Gerade ängstlich-zurückgezogene Schüler mit ihren spezifischen Bedürfnissen werden oft übersehen. Dabei kann genau hier viel Wertvolles zu einer gelingenden Entwicklung beigetragen werden.

Lautes und störendes Verhalten ist dagegen leicht einzuordnen. Wichtig jedoch bei Einordnungen in ein Klassifikationssystem ist der jeweilige Bezugsrahmen (wer beobachtet was, wo, zu welchem Zeitpunkt?). Es muss beachtet werden, dass die normale Entwicklung des Kindes verschiedene Phasen durchläuft, in welchen zu bestimmten Zeiten auffallendes Verhalten ganz normal auftritt. Dies dürfte jedem Pädagogen im Rahmen der normalen Trotzphasen im Zusammenhang mit starken Wutanfällen eines kleinen Kindes hinreichend bekannt sein.

Dauer, Intensität/Schwere und Häufigkeit geben also einen wichtigen Anhaltspunkt, um Verhaltensauffälligkeiten im Sinne einer gestörten Entwicklung zu definieren. Klassifikationssysteme wie das von Myschker geben einerseits Orientierungshilfe für die Einordnung und Abgrenzung von auffallenden Verhaltensweisen. Andererseits sollte immer bedacht werden, dass sie den jeweiligen Schülern nicht immer gerecht werden, da sie auch die Tendenz einer Etikettierung in sich birgt und nur allgemeine Aussagen zulässt, nicht aber das Kind in seiner Individualität erfassen kann.

Verhaltensauffälligkeit

Da das vorliegende Buch die Inklusion von Schülern mit Schwierigkeiten im Bereich der emotionalen und sozialen Entwicklung thematisiert, wird als Arbeitsbegriff im Folgenden die „Verhaltensauffälligkeit" verwendet. Verhaltensauffälligkeit soll hierbei einerseits als Abschwächung der Verhaltensstörung hinsichtlich Ausprägung, Dauer, Intensität und zugleich weniger diskriminierend gesehen werden. Andererseits bietet dieser Begriff im Sinne Palmowskis eine systemisch-konstruktivistische Grundhaltung. Diese verweist auf den Aspekt der Beziehung, die automatisch zwischen einem (pädagogischen) Beobachter und einem Schüler besteht, der sich entgegen der Erwartungen des Beobachters verhält und somit von seinen normativen Vorstellungen abweicht (vgl. ebd. S. 100).

Diese Abschwächung bedeutet auch, dass tatsächlich eine Inklusion im Sinne einer gelingenden Einbindung des Schülers in seine bisherige Schule noch möglich ist. Schwerwiegender sind Fälle, bei denen massive Schwierigkeiten in vielfältigen Bereichen bestehen und verschiedene schulische und außerschulische Unterstützungssysteme nicht mehr ausreichen. Hier wird nach wie vor eine spezielle sonderpädagogische Betreuung nötig, die zum Beispiel an einem Förderzentrum mit dem Förderschwerpunkt emotionale und soziale Entwicklung gegeben ist.

Erklärungsmodelle im Überblick

Es gibt keine monokausalen Erklärungen für schwieriges oder auffallendes Verhalten. Wir haben es stattdessen mit zahlreichen Faktoren aus unterschiedlichen Bereichen zu tun, die miteinander in Beziehung stehen und sich gegenseitig bedingen. Aus dem multifaktoriellen Erklärungsmodell sind zwei Ansätze von besonderer Relevanz für die schulische Praxis: der medizinische (= psychopathologische) Ansatz und besonders der systemische Ansatz.

Medizinischer oder psychopathologischer Ansatz

Der medizinische oder psychopathologische Ansatz zur Erklärung von Verhaltensstörungen erfreut sich auch deshalb so großer Beliebtheit, da er klare Definitionsmerkmale bietet, von denen konkrete Handlungsmöglichkeiten abgeleitet werden können. Diagnosen beschreiben jedoch Merkmale, nicht das Kind selbst und sollten daher mit Bedacht verwendet werden. Da tatsächlich ein starker Anstieg an kinder- und jugendpsychiatrischen Vorstellungen und Behandlungen vorliegt, soll kurz auf die medizinische Relevanz eingegangen werden.

Kinder mit auffallend und andauernden schwierigen Verhaltensweisen werden immer häufiger zur Abklärung an einen Kinder- und Jugendpsychiater verwiesen und bekommen somit zunehmend medizinische Diagnosen zugeschrieben. Vor allem die Störung des Sozialverhaltens mit weiteren Zusatzdiagnosen wie Aufmerksamkeitsstörung mit und ohne Hyperaktivität etc. wird immer häufiger festgestellt. Diese Zuordnung erfolgt in Abgrenzung zu einer „normalen" Entwicklung. Dabei werden verschiedene Bezugssysteme betrachtet, in denen das Kind eingebettet ist. Auch hier spielt vor allem das familiäre Umfeld eine wesentliche Rolle bei der Begutachtung. Eine sorgfältige Familien- und Entwicklungsanamnese beleuchtet alle wesentlichen Interaktionen im Familiensystem. Dies bietet Ansatzpunkte für (therapeutische) Hilfsangebote.

Für die Diagnose einer pathologischen Ausprägung werden häufig genetische Prädispositionen vermutet, die durch auslösende Faktoren sowie aufrechterhaltende und ausprägende Faktoren ungünstig beeinflusst werden, sodass sich eine Störung manifestieren kann.

Systemischer Ansatz

Diese Erklärung aus der Individualpsychologie verdeutlicht einmal mehr die Notwendigkeit, sich gedanklich von der Gewohnheit zu verabschieden in logischen Kausalzusammenhängen (wenn ..., dann ...) zu denken. Diese einfachen Ursache-Wirkungs-Prozesse greifen nicht bei einem so umfassenden Thema. Vielmehr muss der Blick erweitert werden auf größere Wirkungszusammenhänge.

Dies ermöglicht der systemische Erklärungsansatz. Er spielt eine zunehmend bedeutende Rolle im Hinblick auf Sonderpädagogik sowie

Beratung und Therapie: Mit dieser Sichtweise kann der Lehrer das Kind als einen Teil seiner Umwelt wahrnehmen. So kann als Teil des Ganzen auch die Umwelt und mit ihr die Eltern etc. in das pädagogische Handeln einbezogen werden. Dieser Ansatz ermöglicht dem Lehrer also, selbst aktiv zu werden im Sinne der eigenen Haltung: „Wenn sich etwas verändern soll, muss ich etwas verändern" (vgl. Molnar, Lindquist 2009). Diese Einstellung bietet Lehrern auf sinnvolle Weise die besten Chancen, selbst etwas tun und damit verändern zu können.

Aus systemischer Sicht ist das Kind/der Schüler ein eigenes System im Kontext vieler anderer Systeme: Familie, Freunde, häusliches Umfeld, Schule, Eingebunden-Sein in Vereine, der Wohnort oder die Stadt, Bundesland bis hin zu Deutschland als Teil der EU etc. Hier laufen vielfältige Prozesse innerhalb der einzelnen Systeme sowie auch zwischen den Systemen ab. Alle Prozesse beeinflussen das Erleben und Handeln eines Menschen und bedingen sich gegenseitig in vielerlei Form.

Wird ein System durch Stressoren, also negative Einflussfaktoren gestört, kann es zur Entwicklung eines Symptoms innerhalb eines Systems kommen. Hennig/Ehinger (2012, S. 20) führen Stressoren auf, die das System Schüler negativ beeinflussen können.

Dazu gehören z. B.:
- Begabungshöhe
- Konzentrationsfähigkeit
- Selbstkonzept und Selbstbild
- organische Ursachen

Symptome werden bei diesem Ansatz jedoch nicht als überflüssig angesehen, sondern ermöglichen Informationen über die jeweilige Person sowie deren Stressoren. Sie geben also einen Hinweis auf eine vorliegende Störung in einem System. Im systemischen Sinn geht man davon aus, dass jedes Verhalten angemessen und situationsadäquat für die ausführende Person ist („Subjektlogik"). Des Weiteren gilt, dass aus subjektiver Sicht die Person „einen guten Grund dazu hat", sich so zu verhalten. Diese Hinweise zeigen uns im Sinne einer Hypothese einen möglichen Anhaltspunkt zum Handeln.

Symptome haben also immer eine Funktion und Bedeutung für die Mitglieder der einzelnen Systeme: Sie können als Lösungsversuch oder Hilferuf gesehen werden, können der Machtausübung oder als Ablenkung von anderen Problemen dienen (vgl. ebd.). Ein Symptom gilt in seiner Funktion der Problemlösung als die momentan beste Lösungsmöglichkeit für das System.

Das Positive dieses Ansatzes ist, dass Symptome als Versuch einer Problemlösung veränderbar sind. Dies ermöglicht einen Handlungsansatz, der unabhängig von Erklärungstheorien eine Berechtigung hat. Dieser systemische Ansatz bietet durch die Möglichkeit einer lösungsorientierten Ausrichtung allen Beteiligten also eine maximale Chance auf Veränderung im Sinne des bereits genannten Mottos: „Wenn sich etwas verändern soll, dann muss ich etwas verändern!" Veränderungen im Verhalten eines Akteurs ziehen automatisch Veränderungen im Verhalten anderer Mitglieder im System nach sich: Denn wenn ein Teil eines Mobiles angestoßen wird, bewegen sich automatisch die anderen Teile mit!

Schülerinnen und Schüler mit Förderbedarf im emotional-sozialen Bereich

*„Wenn der Mensch sich etwas vornimmt,
so ist ihm mehr möglich, als er glaubt."*
Johann Heinrich Pestalozzi

Zum Förderbereich emotional-soziale Entwicklung gehören Schüler mit vielfältigen Auffälligkeiten, wie im vorangegangenen Kapitel beschrieben. Diese „verhaltenskreativen" Schüler haben bei Lehrern oft einen negativen Stempel, da der Umgang mit ihnen eine tägliche Herausforderung bedeutet. Diese gilt es, bewusst anzunehmen und die eigene Haltung zu diesen Schülern zu überdenken. Dazu ist es hilfreich, negative Vorprägungen und Erfahrungen aufzubrechen und sich mit Offenheit und Humor der Aufgabe zu stellen.

Aus der Literatur sind gerade diese Kinderpersönlichkeiten, die originell und unabhängig ihr Leben jenseits der Konventionen bestreiten und uns zum befreiten Schmunzeln verleiten, beliebt. Diese Einstellung geht uns beim Unterrichten oft verloren. Denken wir an Michel aus Lönneberga, Pippi Langstrumpf, Huckleberry Finn und Tom Sawyer – sie alle würden wir zu Kindern mit Förderbedarf im emotional-sozialen Bereich zählen.

Lehrer als „Schatzsucher"

Diese literarischen Beispiele erinnern uns daran, dass in den Schülern mit Verhaltensauffälligkeiten oft etwas anderes steckt, als wir im ersten Moment wahrnehmen. Ihre Lebensgeschichten und Prägungen helfen zu verstehen, warum sie sich so auffällig verhalten. Es braucht von uns Lehrern die Bereitschaft, genau hinzusehen und umzudenken. Wenn es uns gelingt, die Fähigkeiten und Ressourcen dieser Schüler zu entdecken, so werden wir zu Schatzsuchern und können in manchen Eigenheiten Liebenswürdigkeiten erkennen. Erst diese Wertschätzung gibt den Kindern Raum, ihre Fähigkeiten zu entfalten. Wir lernen, sie beim „Gutsein zu ertappen" und dies zu verstärken, auch wenn es nur wenige Momente sind. Der Optimismus, an die positiven Entwicklungsmöglichkeiten zu glauben, wird zur Reling, an der sich diese Schülerpersönlichkeiten im stürmischen Gewässer ihrer Seelennöte und widrigen äußeren Bedingungen festhalten können.

Vor allem aber ist es immer wieder die Beziehung zu den Schülern, die im Mittelpunkt steht. Sie spüren, was wir von ihnen halten, ob wir sie mögen, was wir in ihnen entdecken. Deshalb ist es so wichtig, dass wir ein positives Bild von den auffälligen Schülern entwickeln, das sie anreizt, sich weiter dahingehend zu entfalten. Diese Schüler zu sehen ohne zu bewerten und sie gerade in ihrem So-sein wertzuschätzen, das ist die Herausforderung.

Und: Scheitern gehört bei diesen pädagogischen Herausforderungen dazu. Statt aufgeben, kann man Neues ausprobieren und sich über kleine Erfolge freuen lernen.

Einige Schülerpersönlichkeiten sind im Folgenden exemplarisch und typisiert beschrieben (Namen geändert). Sie illustrieren die besondere Situation von verhaltensauffälligen Kindern, die Sie so oder so ähnlich sicherlich aus Ihrem Schulalltag wiederkennen. An jede Beschreibung schließen sich allgemeine Überlegungen zu wichtigen Schlüsselbegriffen sowie Ideen zur praktischen Umsetzung im Sinne der Inklusion an.

Fabian – Die zerrissenen Kinder

Der Schüler fällt gleich zu Beginn in der Klasse auf. Fabian steht im Mittelpunkt des Lehrerfokus und will hundertprozentige Aufmerksamkeit. Er möchte immer aufgerufen werden, wenn er sich meldet. Schnell wird er ungeduldig und ruft in die Klasse hinein. Wenn andere Schüler eine besondere Aufgabe bekommen, fühlt er sich benachteiligt und kann derart beleidigt sein, dass er seine Arbeit völlig verweigert und sich unter den Tisch setzt. An manchen Tagen kommt Fabian mit gesenktem Kopf und schleudert seine Schultasche gegen den Tisch. Dann verhält er sich bockig und unruhig. In Stillarbeitsphasen kann er oft konzentriert und leistungsstark arbeiten und wirkt dann besonnen und freundlich.

Fabians Eltern leben in Trennung. Er lebt bei seiner Mutter, die sehr unter der Trennung leidet. Immer wieder gibt es erhebliche Auseinandersetzungen zwischen den Eltern. Der Vater lebt in einer neuen Beziehung. Mit seiner Lebenspartnerin hat er ein Kind bekommen. Fabian hängt an seinem Vater und fühlt sich in diesem Beziehungsgeflecht zerrissen und unwohl.

Wenn man an Tagen, an denen er besonders auffällig ist, mit ihm alleine spricht, fängt er zu weinen an und erzählt, wie schwierig es für ihn zu Hause ist.

Hinter der Fassade des starken Jungen, der gern im Mittelpunkt steht, steckt ein verängstigter Schüler mit starken Selbstzweifeln. Große Versagensängste plagen ihn.

Als Lehrer bleibt einem diese andere Wirklichkeit erst einmal verborgen. Man erfährt sie erst durch Nachfragen und lernt zu verstehen, was das Kind umtreibt. Da der Schüler stark und widerstandsfähig wirkt, neigt man im ersten Moment zu heftigen Reaktionen und Strafen. Seine verwundete Seele wird dadurch weiter gedrückt.

Fabians tiefe Verletzungen brechen in der Schule heraus. Seine auffälligen Verhaltensweisen sind Hilferufe. Es braucht Zeit, auf ihn einzugehen und sich in Fabians belastende Situation einzufühlen. Ein Sozialpädagoge der Jugendarbeit an Schulen nimmt sich regelmäßig für ihn Zeit.

Als Fabian merkt, dass er von sich erzählen kann und verstanden wird, geht es ihm besser und sein Verhalten stabilisiert sich.

Empathie und Feinfühligkeit

Es ist nach den Erkenntnissen der Bindungsforschung und Hirnforschung (vgl. Brisch) fundamental, dass Lehrer zu ihren Schülern eine stabile Beziehung aufbauen sollen. Wenn sich Schüler bei ihren Lehrern wohlfühlen, kann eine entspannte Atmosphäre entstehen, die das Lernen erst ermöglicht.

Diese Beziehung können Lehrer entwickeln, indem sie sich feinfühlig gegenüber ihren Schülern verhalten. Feinfühligkeit bezieht sich auf das Verhalten, den Blickkontakt, die Sprache und die Berührung. In den folgenden Kapiteln wird darauf noch eingegangen, denn vieles ist lernbar.

Dennoch ist es für ein empathisches Verhalten von Lehrern notwendig, dass diese „die Fähigkeit entwickeln, in sich selbst zu ruhen und den Kontakt zu ihrer inneren Stärke und Urteilskraft herzustellen" (vgl. Juul 2012 [2], S. 66).

Die herausfordernden Kinder sind oftmals außer sich. „Ihr Leben forderte ihre gesamte Aufmerksamkeit im Außen, und es hielt – trotz ihres jungen Alters – so viele Herausforderungen für sie bereit, dass der Kontakt zu dem, was in ihrem Innern vorging, äußerst begrenzt war" (ebd., S. 64f). Je mehr die Kinder „außer sich" sind, umso mehr bedarf es Lehrerpersönlichkeiten, die sich dieser Herausforderung als authentische Personen stellen. Gerade im Umgang mit Schülern, die einen Förderbedarf im emotional-sozialen Bereich haben, werden die Lehrer nicht nur in ihren didaktischen Fähigkeiten gefordert, sondern in ihrer ganzen Persönlichkeit. Dazu ist es wesentlich, mit sich selbst in Kontakt zu sein. Die Pflege von Entspannungsmöglichkeiten und der Zugang zur eigenen Kreativität können Quellen sein, die Lebensfreude nähren (vgl. Kapitel 7).

In der Klasse, die für viele Kinder außerhalb der Familie die erste größere Gemeinschaft ist, sollte eine Atmosphäre von Freundlichkeit, Respekt und Nähe gepflegt werden. Dann empfinden die Schüler Zusammengehörigkeit und Gemeinschaft.

Das Interesse und die Aufmerksamkeit für einzelne Kinder sind im Unterrichtsalltag mit seinen vielen Herausforderungen, scheinbar schwer umzusetzen. Man muss oftmals bewusst Nischen suchen, um diesen Kontakt zu einzelnen Schülern aufzubauen.

Manchmal ist es nötig, zu einem intensiveren Zweiergespräch vor die Tür zu gehen. Oder es gelingt, in Unterrichtsstunden, in denen die Kinder für sich arbeiten oder man eine weitere Betreuungsperson zur Verfügung hat, sich für solche Einzelgespräche die Zeit zu nehmen (vgl. Kapitel 1.3). Es braucht dazu häufig nicht viel Zeit, sondern vielmehr kontinuierliche kurze Gespräche, manchmal nur bewusste Blicke, um diesen Kontakt aufrechtzuerhalten.

Max – Kinder mit psychisch kranken Eltern

Der Schüler Max geht in die 3. Klasse. Im Unterricht ist er eher ruhig und wirkt oft abwesend. Völlig unvorhersehbar gibt es immer wieder Ausbrüche, die den Unterricht lahmlegen und zur Bedrohung für ihn, Mitschüler und Lehrer werden.
So steht er nach der Rückgabe einer Klassenarbeit plötzlich auf, stellt sich hinter seinen Stuhl und sticht mit dem Bleistift wutentbrannt auf sich selbst ein. Zum Glück ist die Stuhllehne dazwischen, sodass der Stift zunehmend zerbricht, während er schreiend und nicht zugänglich auf sich „einsticht". Es braucht einige Zeit, um ihn zu beruhigen. Die Enttäuschung über die schlechte Note führte zu einer aggressiven Selbstbestrafung, die über ihn hereinbrach. In Konflikten mit Mitschülern kommt es zu ähnlichen, plötzlichen Eskalationen, bei denen er wie neben sich steht.
Eine besonders schlimme verbale Bedrohung gegenüber der Lehrerin („Ich trete dir jetzt in den Babybauch!") kann durch ruhiges und beharrliches Zureden abgewendet werden. Er sagt später bei der ernst gemeinten und ausführlichen Entschuldigung: „Es gibt einen bösen und einen guten Max. Das war der böse."
Der Vater von Max ist psychisch krank und die Mutter mit drei kleinen Kindern überfordert. Die Familie wird intensiv vom Jugendamt betreut, da der Verdacht besteht, dass die Kinder geschlagen werden.
Im Laufe von zwei Schuljahren lernt Max, dass die Lehrerin beständig in ihrem Verhalten gegenüber Max ist. Er baut langsam eine Vertrauensbeziehung auf und die Ausbrüche gegenüber sich selbst und anderen werden seltener. Dies ist eine wichtige Lebenserfahrung für ihn, denn solche Beziehungen zu Erwachsenen hat er selten erfahren. Sein Alltag ist geprägt von erschreckenden und chaotischen Erlebnissen mit unsteten Persönlichkeiten.
Begegnungen Jahre später zeigen, dass es sehr positiv für ihn war, erleben zu dürfen, dass es verlässliche Personen gibt. Dies ist ein wichtiger Schatz in seiner kindlichen Erlebniswelt geworden.

Resilienz

Positive Bindungserfahrungen sind für die gesunde seelische Entwicklung für Kinder enorm wichtig. Die prägendsten Erfahrungen dazu werden im ersten Lebensjahr gemacht.
Dennoch können viele negative Erfahrungen durch Vertrauenspersonen wettgemacht werden, die nicht unbedingt Vater und Mutter sein müssen. Diese Rolle kann eine Tante, Nachbarin oder auch ein Lehrer erfüllen. Wichtig ist es, den Kindern auf Augenhöhe zu begegnen und sie anzunehmen.
Mit „Resilienz" bezeichnet man die Fähigkeit, erfolgreich mit belastenden Lebenssituationen umzugehen (nach Griebel 2007). Sie meint die

Widerstandsfähigkeit von Kindern gegenüber verschiedenen Entwicklungsrisiken. Diese Risiken bewältigen resiliente Kinder positiv und aktiv. Resilienz ist keine angeborene Fähigkeit. Sie wird im Lauf des Lebens erworben und muss sich in verschiedenen belastenden Situationen immer wieder neu bewähren.

Faktoren, die Resilienz fördern:

Personale Faktoren	Familiäre Faktoren	Schutzfaktoren in der Umwelt
Günstiges Temperament ▸ gesellig ▸ begeisterungsfähig ▸ gewissenhaft ▸ selbstbewusst ▸ freundlich	**Religiöse Überzeugung** ▸ Leben hat Sinn **Sichere Bindung** ▸ mindestens eine enge Bezugsperson	**Soziale Unterstützung durch Erwachsene** ▸ Geborgenheit, Trost, Rat ▸ Fähigkeiten werden gefördert ▸ ernst genommen werden
Sozial-emotionale Kompetenzen ▸ verträglich ▸ sich in Gruppen einfügen können	**Autoritative Erziehung** ▸ liebevoll und konsequent ▸ klare Struktur und Regeln ▸ Gefühle werden gezeigt ▸ Freiraum zur Unabhängigkeit ▸ zuverlässige Unterstützung	**Sozialer Rückhalt unter Peers** ▸ Freunde aus stabilen Familien ▸ Hobbys mit Freunden
Intelligenz ▸ interessiert ▸ offen für andere Menschen und neue Situationen	**Positive Elternallianz** ▸ harmonische Paarbeziehung ▸ einheitlicher Erziehungsstil	**Autoritatives Schulklima** ▸ Vertrauensverhältnis ▸ klare Regeln ▸ Wertschätzung
Attraktivität ▸ ansprechende äußere Erscheinung ▸ positives Sozialverhalten	**Rückhalt unter Geschwistern** ▸ Abstand zwischen dem ersten und dem zweiten Kind mindestens zwei Jahre ▸ Erstgeborene	**Ressourcenreiche Nachbarschaft** ▸ Ersatzbezugspersonen

Quelle: Staatsinstitut für Schulqualität und Bildungsforschung Erziehung Konkret [1], S. 3

Lehrer können eine entscheidende Rolle spielen, um Kinder stark dafür zu machen, in ihrem Umfeld gut zu leben. Sie können sie unterstützen, zu sich selbst zu finden und Selbstbewusstsein aufzubauen. Dazu finden Sie Vorschläge in den folgenden Kapiteln, vor allem in Kapitel 2 werden viele konkrete Handlungsmöglichkeiten dargestellt. Entscheidend sind zum einen Erlebnisse, die das Selbstgefühl und den Umgang mit den eigenen Gefühlen stärken. Daneben sind Erfahrungen nötig, die Beziehungen stärken wie es zum Beispiel durch gemeinsame Gruppenerlebnisse geschieht. Wertvoll ist es ebenso, die eigene Selbstwirksamkeit zu erleben, indem Schülern Verantwortung für verschiedene Aufgaben übertragen wird.

Nina – Die unsichtbaren Kinder

Nina fällt in der Klasse 4 eigentlich wenig auf. Sie stammt aus einer Familie mit vielen Kindern und ist es gewohnt, dass sie nicht im Mittelpunkt steht.
Sie teilt selbstverständlich ihre Arbeitsmaterialien mit ihren Mitschülern. Ruhig und unscheinbar hält sie sich im Hintergrund. Man übersieht sie als Lehrer leicht, da viele andere Kinder die Aufmerksamkeit auf sich ziehen.
Erst als bekannt wird, dass sexueller Missbrauch in ihrer Familie vermutet wird, beobachten die Lehrer sie bewusster. Besonders in offenen Unterrichtsphasen oder beim gemeinsamen Essen erzählt sie, wenn man sich ihr zuwendet. Sie fragt, ob man auch schon in ihrem Alter verliebt gewesen sei. Gesprächsthemen sind auch Kleidung und die Jungen anderer Klassen. Auf einmal wird das unscheinbare Mädchen vitaler. Nina tritt mehr in Erscheinung, muss manchmal auch ermahnt werden, da sie das Schwätzen anfängt. Sie zeigt ihre Emotionen offener, ist ab und zu bockig und fordert die Hilfe des Lehrers ein. Nach Ermahnungen erstarrt sie bisweilen förmlich. Sie flieht zurück in ihr Schneckenhaus und muss wieder Vertrauen fassen, um sich herauszuwagen.
Zu Hause schreibt sie einen besonders schönen Aufsatz, für den sie von der ganzen Klasse gelobt wird. Da ist Nina so mutig, zu gestehen, dass ihre große Schwester den Aufsatz für sie geschrieben hat. Ein wichtiger Schritt für sie, dass sie zu sich stehen kann, auch in ihrem Fehlverhalten. Bedeutsamer als den Fehler zu rügen ist es, ihr dies auch mitzuteilen.
Aus dem unsichtbaren Mädchen wird allmählich eine vielschichtige Schülerin. Sie hat erfahren, dass sie gesehen wird, und lernt, sich mitzuteilen.

Gesehen werden – Wertschätzung
Dieser Aspekt, Kinder bewusst zu sehen und damit als Personen wertzuschätzen, ist eine wichtige Grundlage des pädagogischen Handelns. Im schulischen Kontext sind wir versucht, Kinder und Jugendliche aufgrund

ihrer Leistungen wahrzunehmen. Lob und Kritik sprechen wir schnell aus und begegnen ihnen so auf einer Ebene, die bestenfalls ihr Selbstvertrauen nährt: „Das Arbeitsblatt hast du toll gemacht!" oder: „Es gefällt mir, wie ordentlich du deine Hausaufgaben geschrieben hast!"

Der Pädagoge Jesper Juul unterscheidet deutlich zwischen Selbstvertrauen und Selbstgefühl. „Selbstgefühl bedeutet: wer ich bin – mein Sein. Wie gut kenne ich mich: wie ich mich fühle, wie ich mich mir selbst gegenüber verhalte. Selbstvertrauen bedeutet: was ich leiste, was ich kann, wie gut ich es kann" (Juul 2013, S. 119). Während das Selbstvertrauen an bestimmte Fähigkeiten und Fertigkeiten gebunden ist, bezieht sich das Selbstgefühl oder Selbstwertgefühl auf meine Person und ist ein „Grundpfeiler unserer psychischen Existenz" (Juul 2012 [1], S. 99).

Ein gesundes Selbstgefühl haben wir, wenn wir in uns selbst ruhen können. Ein geringes Selbstgefühl dagegen wird als ständiges Gefühl von Unsicherheit, Selbstkritik und Schuld erlebt. Wer ein gesundes Selbstgefühl besitzt, hat selten Probleme mit dem Selbstvertrauen; das Gegenteil ist nicht unbedingt der Fall (ebd., S. 98 f).

Kinder und Jugendliche benötigen die Anerkennung, wer sie sind, um ein gesundes Selbstgefühl aufzubauen. Dazu müssen wir sie sehen und akzeptieren: „Samira, ich sehe, dass du gerade sehr wütend bist.", „In der Schule hast du wohl gerade viele Schwierigkeiten, Mike."

Wenn es uns gelingt, Zeit für ein kurzes Gespräch zu nehmen, wird darin eine besondere Wertschätzung vermittelt, die nur wenige Sekunden in Anspruch nehmen muss: „Ich sehe, dass du wütend bist. Mich würde interessieren, was dich wütend macht. Weißt du es?"

Besonders wertvoll ist ein Kontakt mit dem Schüler, wenn wir ihn dabei ansehen. Der Augenkontakt von drei bis vier Sekunden mit freundlichem Gesichtsausdruck ist für uns eine große Anerkennung und Wertschätzung, wie der Hirnforscher Gerhard Roth berichtet (vgl. Roth 2011).

Diese bewusste Zuwendung drückt unsere Wertschätzung aus für das, was die Kinder fühlen und wer sie sind. Sie kann ein Baustein sein, dass Selbstgefühl entwickelt wird.

So wie wir uns den Kindern gegenüber verhalten, lernen sie, sich gegenüber sich selbst zu verhalten. „Wenn wir das, was in ihnen selbst vorgeht, ernst nehmen, werden sie dies selbst einmal für sich tun können" (Juul 2013, S. 122).

Kevin – Kinder auf Achse

Kevin ist ein besonderer Schüler, der mit einem Fahrtenheft (Heft, in dem die Schulzeiten in verschiedenen Schulen aufgezeichnet sind) verspätet in die 3. Klasse kommt. Seine Eltern sind Schausteller und auf diversen Volksfesten unterwegs.

Obwohl er in Deutschland geboren und aufgewachsen ist, spricht er einen starken Dialekt. Sein Wortschatz ist sehr begrenzt und auch seine Ausdrucksweise grammatikalisch fehlerhaft. Schriftliche Arbeiten fertigt Kevin, anfangs um Ordnung bemüht, schnell unlustig und mit vielen Fehlern an. Da sein Arbeitsmaterial eigentlich fast nie vollständig ist und Ordnung für ihn sehr mühsam ist, fehlen nach kurzer Zeit Hefte und Mappen oder diese sind zerknickt und unansehnlich.

Kevin achtet sehr auf seine Kleidung und beurteilt auch seine Mitschüler nach ihrem äußeren Erscheinungsbild. Markenkleidung ist ihm extrem wichtig. Im Unterricht ist er selten beim Thema. Vielmehr beobachtet er, was sich in der Klasse abspielt, wo er einen Witz einwerfen kann oder mit einem kurzen Tänzchen die Aufmerksamkeit auf sich lenken kann. In den letzten Unterrichtsstunden nimmt sein Aktivitätsdrang ständig zu und er kann kaum mehr auf seinem Platz sitzen bleiben. Er geht und turnt durch die Klasse und hält dadurch auch seine Mitschüler vom Unterricht ab. Ernste Gespräche, Ermahnungen oder Strafen können kaum Veränderungen bewirken. Die Vermutung, dass Kevin unter ADHS leidet, liegt nahe. In seiner Umgebung fällt dies im Alltag nicht auf. Seine Eltern sind zwar freundlich, können aber für die schulischen Anforderungen kaum Unterstützung geben.

Dann fehlt Kevin wieder wochenlang, versäumt den Unterricht und kann nach seiner Wiederkehr noch weniger am Stoff anknüpfen. In dieser Zeit ist es ruhiger in der Klasse. Alle wirken angestrengt, wenn er wieder erscheint.

Sport ist Kevins Leidenschaft. Er ist ein genialer Tänzer und durch seine charmanten Auftritte beliebt. Im Lauf der Jahre finden sich nötige Regeln, an die er sich zu halten lernt. In seiner alltäglichen Umgebung gelten andere Regeln: Kindern, die still sitzen, fehlt etwas. Sie wirken krank. Für ihn ist das Gemeinschaftsleben wichtig und deshalb sind ganz andere Fertigkeiten bedeutsam. Bildung und Erziehungsregeln, die wir in der Schule erwarten, sind ihm fremd und müssen durch Klarheit, Geduld und Beziehungsarbeit angebahnt werden.

Grenzen unserer Handlungsmöglichkeit

Es ist unbedingt notwendig, dass jede Schule verbindliche Schulregeln vereinbart und auch in jeder Klasse die nötigen Regeln geklärt und eingeübt werden. Allerdings stellen uns manche Schüler vor besondere Herausforderungen, da ihr familiärer Hintergrund nicht zu unseren selbstverständlichen Annahmen über gesellschaftliche Grundregeln passt.

Manche Familien leben mitten in unserer Gesellschaft nach anderen normativen Grundsätzen. In einigen Familien lernen die Kinder beispielsweise, dass man sich körperlich wehren muss, wenn man beleidigt wird. Seit Generationen ist es eine Familientradition einer Volksgruppe, dass bestimmte Feste zusammen gefeiert werden oder kranke Familienangehörige gemeinsam gepflegt und besucht werden, auch wenn die Kinder dann in der Schule fehlen. Ebenso haben Schausteller ihre eigenen Lebensregeln.

Es ist klar, dass wir auch von diesen Schülern verlangen, dass sie unsere Schul- und Klassenregeln akzeptieren. Wir müssen vonseiten der Schule allerdings in aller Klarheit auch die Grenzen unserer Wirksamkeit anerkennen. Wir werden Familientraditionen und Prägungen nicht ändern können, aber auf die zunehmende Umsetzung von schulischen Abläufen können wir bestehen. Dies ist auch für die spätere gesellschaftliche und berufliche Integration der Schüler notwendig.

Deshalb tun wir gut daran, Grundeinstellungen im Gespräch aufzunehmen und gleichzeitig die verbindlichen Regeln der Schule zu vermitteln. Unserer Erfahrung nach braucht es manchmal längere Zeit, bis die schulischen Grundsätze umgesetzt werden. Oft helfen Kontakte zu Personen, denen bestimmte Kulturen vertraut sind (vgl. Kapitel 6).

Überdies ist es unbedingt notwendig, den Familien zu signalisieren, dass wir an ihren Traditionen zwar interessiert sind, aber auf notwendige Grundsätze zum sozialen Miteinander bestehen. Es kann auch sinnvoll sein, einige Regeln abzuwandeln, um einen Konsens oder Kompromiss zu finden, sodass die Umsetzung für alle Beteiligten möglich wird. Es gibt weder Patentrezepte noch Lösungen, die für alle passen.

So müssen manche Schüler in der Ordnung ihrer Arbeitsmaterialien und in der Möglichkeit, die Hausaufgaben sorgfältig anzufertigen, kleinschrittig unterstützt werden (vgl. Kapitel 2.6).

Regelmäßige Kontrolle, klare Vereinbarungen und Rückmeldungen auch an die Familie haben sich bewährt. Dazu kann zum Beispiel eine tägliche oder auch wöchentliche Rückmeldung in einem Elternheft sinnvoll sein (vgl. Kapitel 5).

Diese Maßnahmen sind auch für die Integration von Schülern mit dem Aufmerksamkeitsdefizit sinnvoll.

Soni – Kinder mit besonderer Herkunft

Soni ist in Thailand bei seinen Großeltern aufgewachsen. Mit acht Jahren wird er von seiner Mutter nach Deutschland geholt, da sie ihren Sohn durch eine neu geschlossene Ehe mit einem deutschen Mann nun versorgen kann. Sie bekommt bald darauf ein Kind mit dem deutschen Mann.

Soni kommt in der 2. Klasse schwer zurecht. Er muss die Sprache lernen und fällt neben seinen schwachen Schulleistungen durch schwierige Verhaltensweisen auf. Er nimmt Gegenstände von anderen Kindern weg und neigt zu gewalttätigen Auseinandersetzungen.

Anfangs bemühen sich Mutter und Stiefvater sehr um eine gute Integration von Soni. Dann, in der Pubertät, wendet sich der Stiefvater völlig von Soni ab. Er hält ihn für bösartig und überträgt sämtliche Aufgaben und Entscheidungen seiner Frau. Diese ist zwischen Ehemann und Sohn zerrissen und überfordert, in der fremden Gesellschaft alleine die Verantwortung für ihren Sohn zu übernehmen. Soni schließt sich anderen Schulkameraden an, mit denen er kleinere Straffälligkeiten begeht. In der Schule wäre er nicht schlecht, ist aber völlig unmotiviert und zum Arbeiten kaum zu bewegen. Er verschließt sich immer mehr gegenüber den Lehrern und Betreuern. An die Mutter stellt er viele Forderungen, die sie zu erfüllen versucht. Das schlechte Gewissen, dass sie ihren Sohn nicht genügend unterstützen kann, wird durch materielle Geschenke besänftigt.

Diese familiären und kulturellen Spannungen lassen sich im schulischen Kontext nicht lösen.

Mit Gesprächen und Verhaltensverträgen wird versucht, dass Soni regelmäßig in die Schule kommt und hier am Unterricht angemessen teilnimmt. Sein aggressives Verhalten gegenüber den Mitschülern wird durch Schulstrafen geahndet. Auch ein Disziplinarausschuss wird nötig, da er einen Schüler verletzt, der seine Mutter beleidigt hat. Er bekommt eine Woche Schulausschluss und muss sich in dieser Zeit die Schularbeiten aus der Schule holen.

Kleinere Erfolgserlebnisse können ihn kurzfristig motivieren. Schließlich werden bei Projekten in der Schule seine handwerklichen Begabungen entdeckt. Hier findet sich ein neuer Anknüpfungspunkt. Er findet einen Zugang zu einem externen männlichen Mitarbeiter in der Schule. Langsam eröffnet sich eine Möglichkeit, über positive Erfahrungen und Beziehungen einen Weg für die weiteren schulischen und beruflichen Entwicklungen von Soni zu finden.

Kleine Ziele setzen und kleine Erfolge sehen

Als Lehrer sind wir manchmal auch „Schatzsucher" nach Ressourcen, Begabungen und Interessen, die in den Schülern stecken. Finden wir heraus, was sie wirklich interessiert, haben wir oftmals einen Zugang zu ihnen gefunden, der uns weiterführt.

Wir können zu Lernbegleitern werden und unsere eigenen Vorstellungen etwas zurücknehmen. Dadurch entsteht ein Freiraum für Entwicklungsmöglichkeiten, die allen Kindern zugestanden werden sollten. Einengungen durch falsche Erwartungen vonseiten der Lehrer führen zu vermeidbaren Widerständen und Verhaltensauffälligkeiten.

Die entdeckten Schätze zu pflegen, ist der nötige Ausgleich für die oft mühsamen (Lern)Wege, die manche Schüler zurücklegen müssen.

Dabei muss jedes große Ziel, das wir gemeinsam mit den Schülern vor Augen haben, in kleine Ziele unterteilt und grundsätzliche Überlegungen in umsetzbare Handlungen übertragen werden. So können die Schüler ihre eigenen kleinen Ziele formulieren, die sie in nächster Zeit umsetzen wollen. Auch kleine Verhaltensverträge können hier sinnvoll sein (vgl. Kapitel 1.3). Diese Verkleinerung von großen Zielen führt zu realistischeren Erwartungen. So können auch kleinere Erfolge und verschiedene Möglichkeiten, diese anzuerkennen, sichtbar werden (vgl. Kapitel 2.7).

Georg – Kinder in einer anderen Welt

Georg besucht die 3. Klasse und fühlt sich im Unterricht oft überfordert, sodass er nicht mitarbeiten kann. Dies liegt weniger an einer kognitiven Überforderung, als vielmehr daran, dass ihm die verschiedenen Reize schnell zu viel werden.
Er hält sich dann die Ohren zu, legt den Kopf auf die Bank oder will das Klassenzimmer verlassen.
Immer öfter muss er von seiner Mutter vorzeitig aus der Schule geholt werden, weil er Kopf- oder Bauchschmerzen hat. Den versäumten Unterrichtsstoff arbeitet er dann zu Hause sorgfältig nach.
Es stellt sich heraus, dass die Diagnose Autismus-Spektrum-Störung bei ihm vermutet wird. Dies erfordert von allen Personen eine besondere Einfühlung und klare Absprachen für eine individuelle Begleitung im Unterricht. Viele Gespräche mit den Eltern, Schulleitern, Lehrern, Kinder- und Jugendpsychiatern und Fachdiensten, wie zum Beispiel dem Mobilen Sonderpädagogischen Dienst für Autismus, sind nötig. Georg kann nach diesen Absprachen das Klassenzimmer zeitweise für eine Auszeit verlassen. Für diese Auszeit geht er gerne zur Sozialarbeiterin, in deren Raum er sich besonders wohlfühlt. Vor allem die verschiedenen Beleuchtungen und Lichter sind für ihn wichtig und er beobachtet sie genau.
Georg hat gelernt, seine Bedürfnisse klar zu formulieren und sagt, wenn er alleine sein will oder was ihm jetzt gut täte. Das ist ein wichtiger Schritt, sodass in Gesprächen geklärt werden kann, welche individuellen Regeln mit ihm vereinbart werden können. Wichtig dabei ist, ihm Sicherheit zu geben, wie lange, wann und wo er sich eine Auszeit nehmen kann. Es werden aber auch Erwartungen an Georg gestellt und sein Durchhaltevermögen in der Klasse soll ausgebaut werden.
Da seine Bedürfnisse derart individuell sind, kann der Lehrer dies nicht alleine bewerkstelligen. Zur guten Integration von Georg wird ein Schulbegleiter beim Jugendamt beantragt. Dieser ist im Unterricht dabei und kann auf die Bedürfnisse von Georg eingehen und ihn individuell unterstützen.
Das Beispiel Georg zeigt: Die Zusammenarbeit mit verschiedenen Institutionen und Fachdiensten ist bei manchen Schülern notwendig und hilfreich (vgl. Kapitel 6).

Innere Haltung als Schlüssel für eine veränderte Beziehungsqualität

Die dargestellten Beispiele zeigen, dass sich hinter den oft schwerwiegenden Verhaltensauffälligkeiten von Schülern immer eine Geschichte verbirgt, die sehr unterschiedlich sein kann.
Bildlich kann man sich die Entwicklung eines Kindes wie den Aufbau eines Jengaturms vorstellen. Für eine gesunde Entwicklung sind viele Bausteine nötig, wie der Aufbau von sicheren Bindungen, eine gute Sprachentwicklung oder motorische Geschicklichkeit.

Ist einer dieser Entwicklungsbereiche beeinträchtigt, ist dies vergleichbar mit dem Fehlen eines Bausteins beim Aufbau des Jengaturms. Die Stabilität des Gebäudes ist gefährdet. Ebenso ist es mit der kindlichen Persönlichkeitsentwicklung. Sie wird durch unzureichende Anregungen, familiäre Krisen oder andere Prägungen in ihrer Stabilität beeinträchtigt. Natürlich können verschiedene Arten der Förderung versuchen, dies auszugleichen, aber die individuellen Prägungen bleiben bestehen. Als Lehrer nehmen wir viele Entwicklungsdefizite bei den Schülern mit Auffälligkeiten im emotional-sozialen Bereich wahr und können manches auffangen und ausgleichen. Dazu bedarf es Zeit, sich auf die Schüler einzulassen, und die Bereitschaft, auf sie einzugehen.

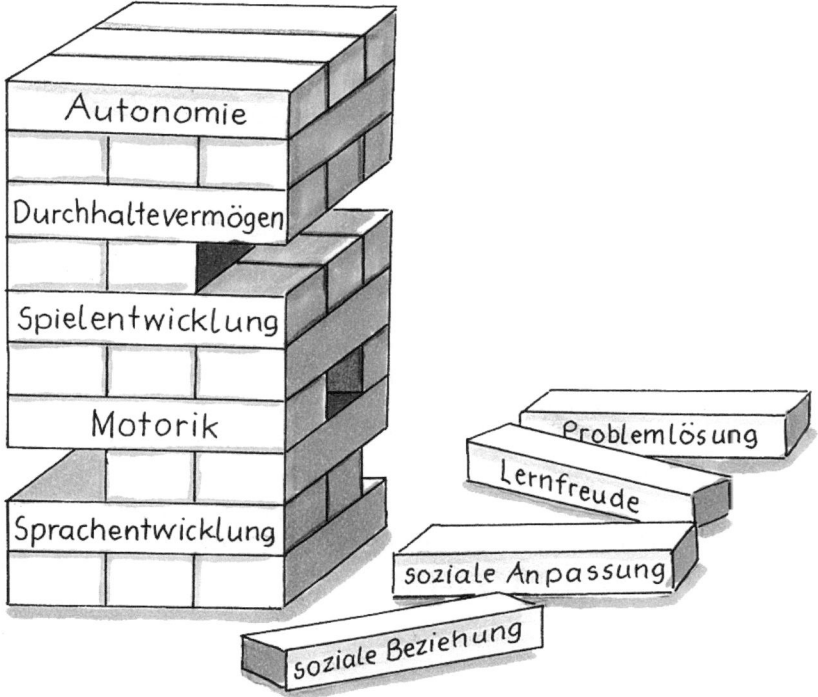

Die eigenen Festlegungen müssen neu überdacht werden, sodass es gelingt, einen wertschätzenden Blick für die Schüler zu haben, der ihre Entwicklungsmöglichkeiten offen lässt. Wenn wir diese auffälligen Schüler in den Schubladen unserer Alltagstheorien belassen, kommt es zu dem Phänomen der sich selbsterfüllenden Prophezeiung. Die aggressiven Schüler werden noch gewalttätiger, die isolierten sondern sich völlig ab und die sonderbaren werden immer verwunderlicher. Für den nötigen Blickwechsel ist der Austausch mit Kollegen in der Kollegialen Beratung oder in der Supervision wichtig, denn die eigenen Gedankenmodelle müssen aufgebrochen werden, um eine neue Sicht zu ermöglichen (vgl. Kapitel 4).

Folgende Qualitäten können zusammenfassend der Weg zu einer veränderten Beziehungsqualität im Unterricht sein:
- Kinder mit Respekt behandeln
- Kinder ernst nehmen und sich für sie interessieren
- sie „sehen" wie sie sind
- im Gespräch bleiben
- Anerkennung und Wertschätzung zeigen
- deutlich und authentisch sein
- Raum für Reflexionen geben
- an der persönlichen inneren Autorität arbeiten, sie zeigen und sie ausstrahlen

aus: Jesper Juul, Miteinander, S. 121 © 2012 Beltz Verlag in der Verlagsgruppe Beltz, Weinheim Basel

Konkrete Handlungsmöglichkeiten

Die folgenden drei Kapitel geben einen Überblick über die wichtigsten Komponenten im pädagogischen Alltag, um Schülern mit Schwierigkeiten im emotional-sozialen Bereich gut begegnen zu können.

Dabei werden die wesentlichen Ebenen angesprochen:
- die individuelle Lehrer-Schüler-Interaktion,
- die Ebene der gesamten Klasse sowie
- die der Schule als Ganzes.

Jede Ebene hält Möglichkeiten und Chancen bereit, geeignete Wege im Umgang mit schwierigen Schülern zu finden. Auch wenn ein gemeinsames Handlungskonzept, das alle Ebenen umfasst, tragfähiger ist, kann ich mich als einzelner Lehrer bereits auf den Weg machen. Konkrete Methoden und Techniken, Tipps, allgemeine Überlegungen zur Gestaltung von Schule und Unterricht sowie Beispiele möglicher Kooperationspartner für Lehrkräfte sollen einen Überblick schaffen über das große Feld des Umgangs mit schwierigen Schülern.

> Wir stellen Ihnen eine Sammlung bewährter Bausteine zur Verfügung, die es auszuprobieren gilt.

1. Handlungsmöglichkeiten der Lehrer-Schüler-Interaktion

„ Wenn Gott den Menschen misst, legt er das Maßband nicht um den Kopf, sondern um das Herz. „

Irische Lebensweisheit

Dieses Kapitel bringt alle Interaktionen zur Sprache, die zwischen einem einzelnen Schüler und Ihnen als Lehrer wesentlich und wichtig sind.
Im Zentrum stehen eine positive Haltung und gute Beziehung, die Sie zu Schülern im Allgemeinen sowie schwierigen Schülern im Besonderen haben. Die Klarheit über die eigene Rolle ist bedeutend, wenn es darum geht, wie Sie sich abgrenzen und individuellen Bedürfnissen der Schüler dennoch Rechnung tragen können. Da es sich hier ausschließlich um das System Lehrer-Schüler handelt, können Sie vielleicht sogar schon heute mit dem Ausprobieren beginnen, ohne auf Hilfe von anderen angewiesen zu sein.

1.1 Lehrer-Schüler-Beziehung

„ Nichts kann den Menschen mehr stärken als das Vertrauen, das man ihm entgegenbringt. „

Adolf von Harnack

Eine gute Lehrer-Schüler-Beziehung ist die Basis aller konkreten Handlungsmöglichkeiten, die sich im Unterricht anbieten (vgl. Hattie 2013). Treten Disziplinprobleme mit Schülern auf, dann sollten wir uns als Lehrer immer auch aufrichtig fragen, wie wir unsere Beziehung zu diesen Schülern beurteilen. Wie ist unsere emotionale Haltung zu ihnen: Mögen wir sie? Haben wir Interesse an ihnen?
Wenn wir diese Fragen bejahen können, dann werden die Schüler dies auch spüren. Uns steht dann eine Fülle von professionellen und kreativen Möglichkeiten zur Verfügung, um passende Interventionen für den Umgang mit auffälligen Schülern zu finden, da wir bereit sind, etwas für diese Kinder zu tun.
Können diese Fragen nicht oder nur eingeschränkt bejaht werden, müssen wir genauer hinsehen, über die konkrete Situation und das Beziehungsgeflecht in der Klasse reflektieren und uns unserer Haltung gegenüber einzelnen Schülern bewusst werden. Ein Lehrerfragebogen kann dazu eine Hilfe sein (KV 1).

KV 1

Lehrerreflexionsbogen 1: Beziehung zu einzelnen Schülern

Gesamtbild / äußere Erscheinung	☐ Was für ein spontanes Gefühl habe ich, wenn ich an das Kind denke?
	☐ Kann ich mich an ein positives Erlebnis mit dem Kind erinnern?
	☐ Wie würde ich die äußere Erscheinung des Kindes beschreiben?
Eigenschaften / Interessen	☐ Kenne ich Vorlieben, Begabungen und Hobbies des Kindes?
	☐ Habe ich schon einmal ein Gespräch unter vier Augen mit dem Kind geführt?
	☐ Weiß ich, welches seine Lieblingsfächer und Arbeitsformen sind?
	☐ Fallen mir mindestens fünf positive Eigenschaften zu diesem Kind ein?

Es ist eine in uns tief verankerte Wertschätzung, wenn wir gesehen, angesehen werden. Das verleiht Ansehen. Innerhalb des turbulenten Schulalltags braucht es das Innehalten, um sich kleine eigene Vorsätze zu wählen:

▸ In der nächsten Stunde schaue ich mir die unauffällige Jasmin besonders an und versuche, sie im Unterricht wahrzunehmen.
▸ Der unruhige Philipp braucht zu Beginn des Unterrichts ein kurzes wertschätzendes Wort, das ihm den Einstieg ins Arbeiten erleichtert.
▸ Die traurige Laura reagiert positiv auf ein ermutigendes Lächeln und ein bewusstes Gesehenwerden usw.

Es sind kleine Gesten, die manchmal eine Veränderung anstoßen können. Ist man sich dessen bewusst, kann man sowohl die schwierigen als auch die gelungenen Begegnungen mit den Schülern reflektieren und sich auf die Suche nach Hindernissen einer positiven Lehrer-Schüler-Beziehung machen.

Manch ein Schüler, der mir Schwierigkeiten bereitet, erinnert an einen anderen Menschen aus meinem privaten Umfeld, mit dem eine problematische Beziehung besteht. Bin ich mir dessen bewusst, verändert dies meinen Blick und erleichtert einen offenen Zugang zum Schüler.

Wahrnehmen ohne zu bewerten fällt zwar schwer, lohnt sich aber. Häufig verbergen sich in unseren Wertungen Festlegungen, die den Schülern als eigenständigen Persönlichkeiten nicht gerecht werden. Hier hilft eine Selbstreflexion im Sinne von: „Bin ich mir im Klaren darüber, dass ich es mit ganz unterschiedlichen Persönlichkeiten zu tun habe?" Denn dann kann Gerechtigkeit im Umgang mit den Schülern nicht bedeuten, dass sie gleich behandelt werden. Vielmehr ist die Verschiedenheit anzuerkennen, was auch einen individuellen Umgang mit den einzelnen Schülern beinhaltet.

„Sonderbehandlungen" oder „Sonderaufgaben" sind nicht nur erlaubt, sondern im Umgang mit Schülern mit Verhaltensauffälligkeiten sogar nötig:

- Ben hat eine Aufmerksamkeitsstörung mit Hyperaktivität und kann schwer stillsitzen. Er darf deshalb öfter Botengänge erledigen oder für eine Auszeit auch bisweilen ins Nebenzimmer oder auf den Gang gehen.
- Aishe kommt aus der Türkei und kann noch nicht gut Deutsch sprechen. Sie findet deshalb nur schwer Kontakt zu den Mitschülern und kann sich selten ins Klassengeschehen einbringen. Dafür kann ihre Mutter besonders gut kochen und so darf sie bei Klassenfesten für die Verköstigung sorgen.
- Simon hat autistische Züge. Deshalb ist es ihm in den offenen Unterrichtsphasen häufig zu laut. Er braucht vielleicht Kopfhörer, um in einer Ecke ruhig arbeiten zu können.
- Jasmin will immer im Mittelpunkt stehen und als Erste aufgerufen werden. Deshalb darf sie als Erste ein Referat halten oder einen Klassenrat leiten, da hier die positive Seite ihres Verhaltens wertgeschätzt werden kann.
- Oskar braucht eine engmaschige Rückmeldung für konzentriertes Arbeitsverhalten und hat als Einziger in der Klasse ein Stempelfeld an seinem Platz, das nach jeder gelungenen Stillarbeit abgestempelt wird, usw.

Das Handeln ist deutlich wichtiger in der Wahrnehmung als das gesprochene Wort. Deshalb ist auch eine Übereinstimmung der Sprache mit Gesten, Mimik und Körperhaltung bedeutsam. Sprechen diese eine unterschiedliche Sprache, werden die Schüler die Botschaften des Körpers wichtiger nehmen (vgl. Kapitel 2.6).

Zusammenfassend ist die Qualität der Lehrer-Schüler-Beziehung abhängig von einem aufrichtigen, selbstkritischen Blick auf die eigene Lehrerpersönlichkeit und das eigene Handeln. Dabei gilt es, eigene Emotionen gegenüber auffälligen Schülern zu überprüfen, um Offenheit zu gewinnen, diese Kinder wahrzunehmen und wertschätzen zu können, trotz oder gerade wegen ihrer Besonderheiten. Wenn es Ihnen als Lehrer gelungen ist, eine vertrauensvolle Basis aufzubauen, ist ein zweiter Schritt möglich, in dem Schwierigkeiten zur Sprache kommen und Ideen für Lösungen gesucht werden können.

Was möchte ich erreichen? | *So kann ich es erreichen!*

Blickwechsel
Eine offene und positive Sicht auf den Schüler

Kollegiale Beratung
Berichte anderer Lehrer über andere Erlebnisse mit diesem Schüler

Klassen und Teamkonferenzen
Gemeinsamer Austausch aller Kollegen, die den Schüler kennen und unterrichten (vgl. Kap. 4)

Bewusstes Betrachten des Schülers
Vorsätze fassen, einzelne Schüler bewusst wahrzunehmen und auf sie zu reagieren

Selbstreflexion/Begegnungen mit Schülern reflektieren (KV 1)
Eigene Emotionen wahrnehmen und kontrollieren, Offenheit anstreben

Gerechtigkeit
im Umgang mit Schülern

Verschiedenheit anerkennen
Individueller Umgang mit Schülern durch „Sonderbehandlungen" und verteilen von „Sonderaufgaben"

Klare Kommunikation

Übereinstimmung verbaler und nonverbaler Aussagen

Positives Lehrer-Schüler Verhältnis

offene Haltung

Wertschätzung

Empathiefähigkeit (einfühlendes Verstehen)
Individualität achten und respektieren
Vorbild sein (KV 2)

Kongruenz von Mimik, Gestik, Verhalten, Sprache

Fähigkeit zur Selbstreflexion

Rückmeldung von Stärken, Lob und Anerkennung:
▶ „dreimal loben und einmal kritisieren"
▶ „Cookie – Lemon – Cookie"
 (Lob – Kritik – Lob: ☺ ☹ ☺)

1.2 Kleintechniken – Es gibt so vieles, was ich tun kann!

„ Gute Lehrer sind wie gute Köche, die nutzen Rezepte als Anregung, halten sich aber nicht an die Mengenangaben. Durch Abschmecken und Überprüfung der Konsistenz während der Zubereitung erkennen sie, was und wie viel sie noch brauchen, damit ein gutes Gericht entsteht. “

Elsbeth Stern

Unter dem Begriff Kleintechniken sind Interventionstechniken zum Umgang mit Störungen zusammengefasst, die rasch und ohne größere Vorarbeit zum Einsatz kommen können. Viele Techniken gehen zurück auf Erfahrungen des österreichischen Pädagogen und Psychologen Fritz Redl (1970) und wurden im Laufe der Jahre erweitert. Hierbei handelt es sich sowohl um aktive als auch um reaktive Interventionen. Ihr Gelingen ist stets mit einer positiven pädagogischen Grundhaltung verbunden.

> ! Achten Sie bei der Auswahl der Techniken auf die individuellen Eigenheiten Ihrer Schüler, nicht jede Methode ist für jeden geeignet. Probieren Sie aus, was Ihnen als geeignet erscheint. Zeigt es Erfolg, wenden Sie es weiterhin an! Wenn es nicht funktioniert, lassen Sie es wieder sein und probieren etwas Neues aus!

1. Bewusstes Ignorieren

Störendes Verhalten wird vom Lehrer wahrgenommen, jedoch ignoriert. Dies geht nur dann, wenn der Lehrer abschätzen kann, dass damit das störende Verhalten wieder unterlassen wird. Ziel ist, den Schüler merken zu lassen, mit seinem Verhalten sein Ziel nicht erreichen zu können (z.B. den Unterricht gezielt stören oder Aufmerksamkeit bekommen). Oft ist es in solchen Momenten hilfreich, die eigene Aufmerksamkeit gezielt auf positives Verhalten anderer Mitschüler zu richten und dies zu verbalisieren (vgl. auch Spiegeln, Punkt 14). Beim bewussten Ignorieren muss jedoch genau bedacht werden, ob ein Verhalten ignoriert werden kann: Gewalt beispielsweise darf niemals ignoriert werden, da dies verstärkend wirkt!

2. Eingriff durch Signale

Hierbei agiert der Lehrer alternativ zur fehlenden Selbststeuerung des Schülers als dessen „externes Ego". Er gibt ihm durch Signale zu verstehen, was er tun und lassen soll. Er legt z.B. den Finger auf den Mund oder zeigt auf eine einzuhaltende Klassenregel etc.

3. Bewusste Körpersprache

Der Einsatz des eigenen Körpers als Interventionsmittel ist leicht, da es zu jeder Zeit gewählt werden kann und keiner Vorbereitung bedarf. Dazu gehören beispielsweise die Haltung, Gestik, Mimik, Körperspannung, Atmung, Blickkontakt sowie der Einsatz von Nähe und Distanz (vgl. Punkt 4 und 5). Obwohl dies so naheliegend erscheint, gerät es oft in Vergessenheit. Das Ziel könnte ein freundliches, entspanntes, geduldiges aber bestimmtes Auftreten sein, wobei die innere Kraft genutzt wird und für Präsenz sorgt. So kann auf Drohgebärden und einen steigenden Energiepegel verzichtet werden.

Ein fester Blick vermittelt beispielsweise Selbstsicherheit und zeigt dem Schüler, dass Sie Ihre Aussagen und Forderungen ernst meinen. Werden uns Gespräche unangenehm, neigen wir dazu, den Blickkontakt immer wieder zu unterbrechen und den sogenannten „Flackerblick" einzusetzen. Um dies zu vermeiden, gibt es einen leichten Trick: den Blick auf die Nasenwurzel des Gegenübers. Bei Unsicherheit können Sie daher Folgendes ausprobieren: Statt Ihren Blick nach links oder rechts schweifen zu lassen, sehen Sie Ihrem Gegenüber kurz auf die Stelle zwischen den Augen, auf die Nasenwurzel. Sobald Sie wieder etwas sicherer sind, blicken Sie zurück in die Augen. Ihr Gesprächspartner wird dies nicht merken, insbesondere da in diesem Moment ja oft starke Emotionen im Spiel sind und er sich auf ganz andere Dinge konzentriert. Sie aber machen auf ihn einen überzeugten, sicheren Eindruck. Diese Technik funktioniert übrigens auch bei unangenehmen Gesprächen mit Eltern oder Vorgesetzten (vgl. Rhode/Meis).

4. Kontrolle durch körperliche Nähe und Berührung

Bloßes Zugehen auf einen lärmenden Schüler, ruhiges Abnehmen eines Lineals oder Ähnliches kann erfolgen, ohne dass beispielsweise die Lehrererzählung stoppen muss. Dies erhöht die Präsenz und Verbindlichkeit der Lehrkraft! Die Verminderung des Abstandes führt beim Schüler zu leichter Beklemmung (bei bewusster Störung) oder weist ihn auf sein Störverhalten hin (bei unbewusster Störung). Durch Veränderung der Distanz kann eine Lehrkraft gezielt Störungen vermeiden, indem sie bei Erzählungen oder Unterrichtsgesprächen zum Beispiel langsam im Klassenzimmer umherläuft, dabei jedoch auf Durchgängigkeit des Unterrichtsflusses achtet.

In unserer Kultur wird meist von einem Mindestabstand von einem Meter gesprochen, den Menschen als natürlichen Schutzraum haben und der nicht unterschritten werden sollte, wenn Deeskalation das Ziel ist. Bei drohender Eskalation muss stattdessen abgewogen werden, ob diese Distanz nicht sogar noch erhöht werden muss. Will man als Lehrer aber seine Verbindlichkeit betonen und sich in einem Konflikt durchsetzen, kann gezielt und vorsichtig mit der *Unter*schreitung dieses Abstandes gearbeitet werden (vgl. Rhode/Meis). Das leichte Berühren der Schulter ist nur bei guter Beziehung zum Schüler und in niedrigen Klassen möglich.

Schüler mit Wahrnehmungsstörungen können Berührungen als Bedrohung interpretieren! Gut hilft diese Technik bei Schülern mit ADHS.

5. Beschränkung von Aktivität/Raum

Diese Methode schließt sich der Kontrolle durch räumliche Nähe an: Der Aktionskreis eines Schülers wird bewusst verringert, um so seinen Handlungsspielraum hinsichtlich räumlicher Bewegungsfreiheit und der Verfügbarkeit von Gegenständen einzuschränken. Zum einen soll vermieden werden, attraktive Gegenstände unbeaufsichtigt liegen zu lassen, wenn vermutet wird, dass ein Schüler Gegenstände entwendet (Ebene des Vermeidens). Zum anderen kann eine räumlich-dingliche Begrenzung erfolgen, indem Schülern Gegenstände oder Räume verweigert werden, welche diese missbräuchlich und zweckentfremdet benutzen. Beispiel: Wer sich in der Turnhalle nicht ordnungsgemäß verhält oder Gegenstände absichtlich falsch gebraucht, darf gewisse Tätigkeiten nicht mehr mitmachen oder darf die Turnhalle nicht betreten, wird also vorübergehend vom Turnunterricht ausgeschlossen, um Schlimmeres zu vermeiden.

6. Unauffällige affektive Zuwendung

Hier begibt sich der Lehrer während des Unterrichts unauffällig in eine direkte Kommunikation mit dem Schüler. Er stellt meist in Form von Blickkontakt und bewusster Mimik eine möglichst positive Beziehung her, indem er einen entmutigten Schüler beispielsweise anlächelt, die Augenbrauen nach oben zieht oder den Kopf leicht schief legt. Dies soll bedeuten: „Was ist denn los? Brauchst du Hilfe?", oder schlicht: „Ich sehe dich, du bist nicht alleine."

7. Humor als Mittel der Entschärfung/Konfliktreduktion

Störende Verhaltensweisen rufen wenig positive Gefühle seitens eines Lehrers hervor. Man neigt eher dazu, die Problematik ernsthaft zu betrachten. Dies verhindert jedoch oftmals die Möglichkeit, flexibel auf ein

Kleintechniken – Es gibt so vieles, was ich tun kann!

störendes Verhalten zu reagieren. Ein humorvoller Umgang mit einer störenden Situation entschärft diese immens und beendet sie durch die unvorhergesehene Wendung in vielen Fällen. Voraussetzung dazu ist eine innere Haltung des Lehrers, Störungen nicht persönlich zu nehmen (vgl. Punkt 22) sowie eine positive Grundstimmung. Diese ist weder bei Schülern noch Lehrern jeden Tag gleich, kann aber im Laufe der Zeit auch trainiert werden, unter Umständen auch gemeinsam in der Klasse: Wenn ein Schüler immer wieder durch Clownereien stört, könnte ich als Lehrer jedes Mal ohne Kommentar ein Bild mit einem Clown an die Tafel hängen. Das entschärft und weist auf eine nette Art auf die Störung hin.

8. Aufrufen störender/unaufmerksamer Schüler

Diese Technik wird häufig unbewusst eingesetzt, um den störenden Schüler zu stoppen. Ein Schüler, der aus Langeweile zu stören beginnt, kann durch bewusstes Aufrufen zur Mitarbeit angehalten werden. Statt als Lehrer zu viel zu reden, können störende Schüler so zur aktiven Teilnahme am Unterricht aufgefordert werden. Wichtig ist auch hier, ironische und sarkastische Formulierungen zu vermeiden, da der Versuch, den Schüler zu zielführender Mitarbeit zu ermuntern, sonst scheitern kann. Zudem muss darauf geachtet werden, dass sich der Schüler dabei durch eventuelles Nichtwissen nicht blamiert und der dadurch entstehende Gesichtsverlust erneute Störungen hervorruft.

9. Entfernen störender Objekte

Spielt ein Schüler verstärkt mit einem Gegenstand (z. B. Lineal, Mäppchen) und stört andere, ist es sinnvoll, diesen Gegenstand an sich zu nehmen. Dies kann nonverbal geschehen oder mit einem neutralen Satz „Das stört!" begleitet werden. Falls Protest seitens des Schülers kommt, dass er diesen Gegenstand zum Arbeiten brauche, kann erwidert werden, dass dieser Gegenstand dann wieder zum Einsatz kommen kann, wenn ein angemessener Umgang damit möglich ist. Man werde ihm in drei (...) Minuten eine erneute Chance geben, dies zu zeigen. Andernfalls würde dieser Gegenstand erneut und dann bis zum Ende der Stunde abgenommen.

10. Umstrukturieren/Umgestalten

Immer wieder sind Schüler mit Aufgaben überfordert und können oder wollen diese infolgedessen nicht bearbeiten. Ein unruhiges Umherrutschen auf dem Stuhl oder scheinbar endloses Kramen in der Schultasche können Hinweise darauf sein, dass Schüler aus vermeintlicher oder momentaner Überforderung nicht mit dem Arbeiten beginnen. Wenn Sie sich sicher sind, dass eine aktuelle Überforderung der Grund des Verweigerns oder Störens ist, sollten Sie die Situation (oder die jeweilige Aufgabe) umstrukturieren. Dies bedeutet, dass die ursprüngliche Planung, z. B. eine Aufgabe für den Schüler, so an die individuellen Bedürfnisse des Schülers angepasst wird, dass diese nun erfolgreich zu bewältigen ist.

Beispiel 1: Max verweigert die Bearbeitung eines Arbeitsblatts (Rechnen), er meckert und spitzt ewig seinen Stift. Da Sie Max kennen und wissen, dass hier der Grund eine vermeintliche Überforderung ist („Oh je, das schaffe ich nie!"), ist es hilfreich, Max nur ausgesuchte Aufgaben rechnen zu lassen (z. B. die wichtigsten, die leichtesten). Sie können diese Aufgaben farblich markieren: „Max, du arbeitest jetzt nur an den farbigen Aufgaben!" Alternativ kann das Blatt geknickt oder zerschnitten werden, sodass Max immer nur die aktuelle Aufgabe vor sich liegen hat. So kann er langsam und kontinuierlich eines nach dem anderen bearbeiten und dabei wahrnehmen, dass er die Aufgaben schafft.

Beispiel 2: Nach der Sportstunde steht Lesen auf dem Programm. Die Klasse ist sehr unruhig, es gibt viele Störungen, Kinder zanken sich, können sich nicht auf den Text konzentrieren und sind gedanklich teilweise noch im Sportunterricht. Anstatt weiterhin die Leseaufgabe zu verfolgen und viel Energie für Motivierung und Disziplinierung zu verwenden, kann der Lehrer die vorliegende Situation umstrukturieren: Er kann ein Spiel einschieben, durch das die Kinder zur Ruhe kommen können (z. B. Wecker suchen, vgl. Kapitel 2.7), er kann die vorliegenden Probleme aus der Sportstunde mit zeitlicher Begrenzung unter eigener Anleitung im Plenum thematisieren oder ein spontanes Rätsel zu verschiedenen Wörtern des Textes einschieben, das langsam an die Lesestunde heranführt. Beim Umgestalten handelt es sich um eine sehr effektive Methode aus der aktiven Erziehung, da rechtzeitig und individuell interveniert wird, bevor großer Protest aufkommt oder massive Störungen auftreten.

11. Umlenken

Wenn Sie merken, dass ein Schüler unkonzentriert ist oder seine Aufmerksamkeit immer mehr schwindet und er seinen Blick im Klassenzimmer umherwandern lässt, können Sie intervenieren bevor ein Problem entsteht: Durch ein Lob, Blickkontakt, einen kurzen Satz oder ein Hilfsangebot können Sie die Aufmerksamkeit des Schülers umlenken, ihn zurück zu seiner Aufgabe holen, sodass er seine Konzentration wieder aufnehmen und die Arbeit beinahe nahtlos fortsetzen kann. Auch hier reagieren Sie aktiv, anstatt reaktiv auf eine Störung antworten zu müssen.

12. Hürdenhilfe

Diese Methode dient als Hilfestellung zur Überwindung von Hindernissen, vor die manche Schüler beim Beginn einer Arbeit gestellt sind (ähnlich wie das Umstrukturieren, jedoch nur auf den Beginn und nicht eine vollständige Aufgabe bezogen). Um Wutausbrüche oder andere Vermeidungsreaktionen zu umgehen, reicht es oft aus, dem Kind eine kurze Erklärung, Strukturierungshilfe oder Anweisung zum Vorgehen zu geben, sobald ein Arbeitsauftrag an die ganze Klasse gegeben oder ein Arbeitsblatt verteilt wurde. Die Hürdenhilfe kann auch im Laufe des Schuljahres von einem Mitschüler übernommen werden.

13. Deutung als Eingriff

Hierbei geht es um einen Versuch des Lehrers einem Schüler dabei zu helfen, ein Missverständnis aufzuklären. Dabei gibt der Lehrer eine neutrale Erklärung für die vom Schüler als emotional gewertete und negativ interpretierte Situation. Oftmals entstehen Konflikte, weil Situationen anders wahrgenommen wurden und sich Schüler persönlich angegriffen fühlen.

Beispiel 1: S: „Warum schaust du mich so blöd an?" L: „Tina hat dich angesehen, weil du an der Reihe zum Lesen bist. Sie hat darauf gewartet, dass du endlich loslegst. Du kannst jetzt weiterlesen!" Auch wenn der Lehrer nicht völlig sicher ist, ob er die Situation richtig eingeschätzt hat, vermeidet er mit dieser Art der Deutung jedoch eine Eskalation zwischen den beiden Schülern.
Zudem kann der Lehrer über eine Deutung Einfluss nehmen auf die Motivationslage eines Schülers, die dieser wieder in den Griff bekommen soll.

Beispiel 2: L zu einem maulenden, demotivierten Schüler: „Schau, wenn du hiermit fertig bist, dann hast du deine Aufgabe erledigt und kannst die restliche Zeit noch am Computer nutzen. Wenn du jetzt weiterhin so trödelst, weil du keine Lust hast, wird daraus nichts mehr. Also, auf geht's!"

14. Spiegeln

Diese Intervention ist eine Methode aus der aktiven Erziehung und soll die Schüler positiv in ihrer Entwicklung unterstützen. Den Schülern wird von der Lehrkraft bewusst „ein Spiegel vorgehalten", um ihnen eine beschreibende Rückmeldung über angemessenes Verhalten zu verdeutlichen. Da auffällige Schüler bereits viele negative Erfahrungen gemacht haben, nehmen sie eigene kleine Erfolge oft nicht wahr. So ist es Aufgabe der Lehrkraft, mithilfe des Spiegelns die Schüler auf ihre Entwicklungsfortschritte aufmerksam zu machen und so eine positive Selbstwahrnehmung zu schulen und zu fördern. Dabei wird das Verhalten wertneutral beschrieben. „Du hast dich das zweite Mal leise gemeldet!" Hierbei sind drei wesentliche Merkmale zu beachten: Beschrieben wird das konkrete Verhalten (leise melden) in Verbindung mit einer Erinnerung an einen persönlichen Fortschritt (das zweite Mal) und dem indirekten Appell, diese Verhaltensweise weiterhin zu zeigen.

Gut eignet sich das Spiegeln als Verstärkung von „zu wenig gezeigtem Verhalten": Sie haben eine Frage gestellt und warten auf die Meldungen. Nur drei Schüler melden sich, viele andere sprechen miteinander oder sind unaufmerksam. „Drei Schüler sitzen ruhig an ihrem Platz und melden sich leise!", könnte ein Spiegelsatz lauten. Sie beschreiben damit das gewünschte, einzelne Verhalten genau.

> Verwenden Sie in Ihren Spiegelsätzen nicht die Wörter: „schon", „bereits" oder „nur" etc. („Nur drei Schüler melden sich"; „Anne ist schon fertig mit Aufräumen"), da es sich dabei um wertende Ergänzungen handelt. Dies wird von den Schülern wahrgenommen und kann mit einer ablehnenden Haltung quittiert werden.

15. Direkter Appell

„Ich möchte dass du dich jetzt sofort an deine Aufgaben machst!" Eine solche Aussage ist nur dann zweckmäßig, wenn eine gute Beziehung zwischen Lehrer und Schüler besteht und der Schüler über ein gewisses Maß an Selbststeuerung verfügt. Der direkte Appell dient als letzte Erinnerung an die verlangte und vom Lehrer erwartete Tätigkeit, bevor es zu weiteren Konsequenzen kommt.

Auch hier ist eine bewusste Formulierung wichtig: Sagen Sie nur, was der Schüler machen soll, nicht was er *nicht* machen soll (z. B. nicht: „Ich möchte dass du jetzt sofort damit aufhörst und jetzt mit deinen Aufgaben beginnst.").

> Diese Art der Formulierung kommt sehr häufig zum Einsatz, unabhängig von der Qualität der Lehrer-Schüler-Beziehung. Da hier eine gewisse Schärfe ausgedrückt wird, sollte diese Form des Appells aber nur selten und gezielt gewählt werden.

16. Autoritatives Verbot (= NEIN)

Wenn ein Verbot bzw. ein Nein ausgesprochen wird, sollte dies in jedem Fall durchgesetzt werden. Ansonsten wird der Lehrer unglaubwürdig und Schüler nutzen weitere Möglichkeiten für sich aus. Wichtig ist hier ein ruhiger Tonfall ohne emotionale Beteiligung. Der Schüler wird lediglich ruhig in seine Grenzen gewiesen. Es erfolgen keine Erklärungen oder Argumente (vgl. Punkt 17).

17. Die kaputte Schallplatte

Um in Konflikten Forderungen erfolgreich durchzusetzen, kann diese verbale Technik angewandt werden: Gebetsmühlenartig wird das Anliegen immer wieder wiederholt. Auf Einwände und Provokationen wird nicht eingegangen, sondern stattdessen beharrlich auf das zentrale Thema verwiesen. Die Forderungen sollten erst freundlich formuliert sein. Beispiel: „Patrice, ich möchte, dass du nun bitte dein Essen einpackst." Verständnis für die Situation kann anfangs noch gezeigt werden, um auf Bedürfnisse einzugehen und so Wertschätzung zu vermitteln. Beispiel: „Ich weiß, die Pause ist immer viel zu kurz und du hast noch Hunger, aber nun ist Unterricht und du packst bitte dein Essen weg." Die Wortwahl sollte allerdings variiert werden, um nicht provozierend zu wirken. Beispiel: „Räume das Brot bitte in die Schultasche." Zunehmend sollten sich die Sätze verkürzen und bestimmter werden, sodass die Ernsthaftigkeit betont wird. Beispiel: „Du packst das Essen nun ein.", „Steck es weg.", „Weg damit!" (vgl. Rhode/Meis).

18. Physisches Eingreifen

Dies ist nötig, wenn ein Schüler aufgrund einer starken emotionalen Erregung keinen eigenen Zugang mehr zur Steuerung seiner Gefühle hat und sich oder andere in Gefahr bringt. Der Lehrer ersetzt somit die beim Kind blockierte Kontrollinstanz, indem er die nicht duldbare, hemmungslose und destruktive Situation vorsorglich und fürsorglich beendet.
Dazu wird ein Kind ohne Anwendung von Gewalt aus der Situation oder dem Raum gebracht, im Idealfall dazu an der Hand genommen. Das Eingreifen hat keine strafende Funktion. Mit zunehmendem Alter der Schüler muss diese Form des Eingreifens allerdings genau abgewogen werden. Es gibt durchaus Situationen, in denen ein Lehrer bei älteren Schülern nicht mehr physisch eingreifen kann, ohne sich selbst zu verletzen. In solchen Situationen sollte besser Hilfe geholt werden.

Schulrechtlich ist dieser Eingriff erlaubt, wenn Schüler sich selbst oder andere gefährden. Da es sich jedoch stets um eine heikle Angelegenheit handelt, ist es ratsam, bei Schülern, die immer wieder in eine solche Situation gelangen, eng mit den Eltern zu kooperieren und sich deren Einwilligung zum körperlichen Eingreifen zur Beendigung einer aggressiven Situation schriftlich geben zu lassen.

19. Umgruppierungen (aller Art)

Diese Maßnahme bedeutet das Herausnehmen eines störenden Schülers aus der bestehenden Gruppe oder Klasse. Dies ist dann sinnvoll, wenn das Problemverhalten aus einem gruppendynamischen Zusammenhang entstanden ist. So können Gruppen neu zusammen- oder einzelne Schüler separat gesetzt werden, damit ungestörtes Arbeiten wieder möglich ist (vgl. Punkt 20). Um dies durchführen zu können, ist im Vorfeld für eine Alternative (räumlicher Art) zu sorgen, wie zum Beispiel das separate Sitzen an einem leeren Tisch, das Benutzen eines Gruppenraumes oder das Arbeiten in einer anderen Klasse.

20. Antiseptischer Hinauswurf

In manchen Fällen stellt die Beendigung einer Situation durch ein Herausnehmen des Schülers aus der eskalierenden Situation die letzte Möglichkeit dar. Diese Maßnahme ist keine Strafe, sondern lediglich eine Unterbrechung der mit einer bestimmten Situation verbundenen Verhaltensweise. Dies ist dann nötig, wenn keine anderen Maßnahmen greifen um eine (Gruppen-)Situation zu entschärfen. Dies kann in verschiedenen Eskalationsstufen passieren, also auch schon dann, wenn ein Konflikt sich erst abzeichnet. Mit einem begleitenden Satz „Du arbeitest in einer anderen Klasse weiter!" sollte diese Methode möglichst ruhig und ohne emotionale Beteiligung durchgeführt werden (vgl. auch Kapitel 3.2).

21. Symptomverschreibung – paradoxe Intervention

Diese systemische Methode mag zunächst seltsam erscheinen, erzielt aber mit gewisser Übung bei einigen Problembereichen gute Erfolge. Das problematische Verhalten wird dabei in einem anderen Licht gesehen als bisher: nicht als unangemessen und störend, sondern als für diesen Schüler sinnvoll!
Bei dieser Methode geht es im Wesentlichen um eine Aufforderung, das problematische Verhalten beizubehalten. Allerdings aus einem anderen

Grund, zu einem anderen Zeitpunkt, an einem anderen Ort sowie in einer abgewandelten Form (vgl. Molnar/Lindquist, S. 120). So können Sie einem ständig hereinrufenden Schüler zu Beginn des Unterrichts den Auftrag geben, eine Minute zu sprechen, in der ihm alle anderen zuhören. Jeden Tag eine Minute zu Beginn des Tages! Egal zu welchem Thema. Diese Minute wird von Ihnen eingefordert, was zunächst zu großer Verwirrung führt. Die Einhaltung der vorgegebenen Zeit ist wichtig, Sie bestimmen die Regel. Im Laufe der Zeit zeigt sich, dass das „verordnete Sonderverhalten" vom betroffenen Schüler als unangenehm erlebt und daher stark reduziert wird. Oft geschieht dies schneller als erwartet! (Weitere interessante Beispiele vgl. Molnar/Lindquist 2009.)

22. Innere Haltung und der Umgang mit Beleidigungen

Während eines Konfliktes sollten Beleidigungen nicht geduldet werden. Allerdings ist es wichtig, nach einem kurzen aber deutlichen Stopp-Signal zum zentralen Anliegen zurückzufinden: „Sven, ich dulde nicht dass du so mit mir sprichst, das klären wir später noch! Nun möchte ich, dass du das Schulhaus verlässt und in den Pausenhof gehst." Zu einem späteren Zeitpunkt, wenn Emotionen abgeklungen sind, sollten die Beleidigungen mit dem Schüler jedoch thematisiert und konkrete Handlungsalternativen sowie eine Entschuldigung überlegt werden (vgl. Rhode/Meis).
Bei allen genannten Techniken ist es hilfreich, eine ruhige, entspannte und souveräne innere Haltung einzunehmen, um gelassen und selbstsicher zu wirken. Unterstützen kann hierbei das Bild eines Schiedsrichters: Er leitet ein Spiel mit emotionaler Distanz, fühlt sich nicht persönlich angegriffen, sondern weiß, dass die Spieler mit ihren Fouls nicht ihn persönlich meinen, sondern andere Gründe dafür haben. Gelingt es uns bei Konflikten und Störungen, diese emotionale Distanz zu verkörpern und gelassen zu bleiben, werden wir selbst nicht verletzt und können mit gleichbleibendem Energiepegel Neutralität und Souveränität vermitteln.

Was möchte ich erreichen?	So kann ich es erreichen!
Souveräner Umgang mit Störungen, mangelnder Motivation und gezielten Provokationen	*Die eigene Haltung zum Schüler/Unterricht überprüfen* *Emotionale Distanz bewahren, auf neutrale Reaktion bedacht sein, um eigenen Gesichtsverlust zu verhindern (Bild des Schiedsrichters)* *Wenn möglich, mit Humor reagieren und Situation entschärfen* *Nach möglicher Unterstützung für Schüler suchen: Was kann ich machen, bevor eine Störung zunimmt?* *Negative Situation beenden* *Kreativ sein und Neues wagen* *Gemeinsam zum Ziel kommen* *Unterstützung durch andere in Anspruch nehmen*

1.3 Verhaltensmodifikation

„ Wer sichere Schritte tun will, muss sie langsam tun. "
Johann Wolfgang v. Goethe

Um Verhaltensweisen von Kindern langfristig zu ändern, hat sich der Einsatz folgender Strategien und Methoden bewährt:
Konkrete Absprachen im Einzelgespräch übertragen dem Schüler Verantwortung für sein Handeln und Lernen und können in Verträgen enden, die Vereinbarungen verbindlich machen.
Verträge (KV 3) sollten …

- ... schriftlich fixiert werden.
- ... knapp und leicht verständlich formuliert sein.
- ... erreichbare, kleine Ziele beinhalten.
- ... konkrete und positive Zielformulierungen aufweisen.
- ... von Lehrer und Schüler unterschrieben werden.
- ... über einen überschaubaren Zeitraum laufen.
- ... an einem würdigen Platz aufbewahrt werden.
- ... ggf. mit einem Stempelsystem kombiniert sein.
- ... regelmäßig reflektiert werden (vgl. Kapitel 2.5).

Zudem kann der Einsatz von Helfer- oder Verstärkersystemen (vgl. auch Kapitel 2.6) sinnvoll sein. Diese können für die ganze Klasse eingeführt werden oder aber nur für einzelne Kinder.

Häufen sich Probleme in der Klasse, kann über das Einrichten einer Schülersprechstunde nachgedacht werden, um regelmäßige Einzelgespräche zu ermöglichen. Dies ist allerdings nur mit entsprechenden Lehrerstunden realisierbar.

Hier einige Ideen zur praktischen Umsetzung:
- Bei Doppelbesetzung kann ein Lehrer unterrichten, ein Lehrer Gespräche führen (ggf. nur einen Teil der Stunde z. B. die ersten/letzten 15 Minuten).
- In Kooperation mit einer anderen Klasse (z. B. Parallelklasse): Beispielsweise eine gemeinsame Stunde pro Woche, d. h. zwei Klassen mit zwei Lehrern. Die erste Hälfte der Stunde beaufsichtigt ein Lehrer die Kinder, der andere führt Gespräche, in der zweiten Hälfte der Stunde wird gewechselt.
- Während einer Pause – der Lehrer muss dann allerdings bereit sein, seine Pause zu opfern.
- Im Anschluss an den Unterricht (falls die Kinder nicht auf Busse o. Ä. angewiesen sind).

> **!** Eher schwierig gestalten sich Gespräche während der Vorviertelstunde oder Freiarbeit, da die Aufsichtspflicht bzw. Lehrerhilfe so nicht wahrgenommen werden können und die Gespräche durch Ablenkung an Ernsthaftigkeit verlieren.

Was möchte ich erreichen? | *So kann ich es erreichen!*

Schülern Verantwortung für ihr Lernen übertragen

Einzelgespräche
Schüler in Absprachen und Zielsetzungen miteinbeziehen. Das Gespräch kann im Abschluss eines Vertrages enden, der eine für die Kinder erreichbare Zielvereinbarung enthält.

Verträge
Vereinbarungen werden schriftlich und verbindlich getroffen.

Schüler erinnern sich an Vereinbarungen und bemühen sich, diese einzuhalten

Helferkind
Ein Mitschüler wird beauftragt, das Kind in bestimmten Situationen an Vereinbarungen zu erinnern und ggf. entsprechend zu unterstützen. Nach einem bestimmten Zeitraum reflektiert der Lehrer gemeinsam mit den beiden beteiligten Schülern, ob die Maßnahme greift (anfangs z. B. vor/nach jeder Pause oder am Ende des Vormittags, später dann immer vor dem Wochenende).
Dies kann im Geheimen geschehen, sodass nur die beiden betroffenen Kinder eingeweiht sind. Dieses „Geheimnis" hat oft einen hohen Anreiz für Kinder.

Erinnerungsstein
Ein kleiner Stein oder anderer Talisman liegt beispielsweise im Mäppchen oder befindet sich in der Hosentasche o. Ä. und soll das Kind an vereinbartes Verhalten erinnern. Immer wenn das Kind den Stein sieht/fühlt, soll es daran denken.
Diese Abmachung kann als „Geheimnis" zwischen dem Lehrer und dem Kind vereinbart werden, sodass dies oft zusätzlich motivierend wirkt.

Was möchte ich erreichen? | *So kann ich es erreichen!*

Emotionsregulation, dem Bedürfnis von Aufmerksamkeit gerecht werden	*Wutlöwe* Ein kleiner Stofflöwe o. Ä. liegt an einem vereinbarten Ort und kann von den Kindern an den Platz geholt werden, wenn jemand sehr wütend ist. Das Stofftier kann gedrückt und zerknautscht werden oder aber auch nur als Symbol der Wut auf den Tisch gestellt werden. Es ist ein Zeichen für Vereinbarungen, wie beispielsweise den Wunsch, nun erst einmal in Ruhe gelassen zu werden oder Gesprächsbedarf zu haben. *Sorgenpüppchen* Sorgenpüppchen sind aus Lateinamerika bekannt. Der Legende nach vertreiben sie die Sorgen, die man ihnen abends erzählt, ehe man sie unter das Kopfkissen legt. In der Klasse können solche (ggf. auch von den Kindern selbst gebastelte) Sorgenpüppchen bereitgelegt werden, sodass Kinder, die Sorgen haben, sie holen können, um ihnen diese zu erzählen.
Regelmäßige Einzelgespräche führen, um die Beziehung zu einzelnen Schülern zu stärken	*Schülersprechstunde* Zu einem festgelegten Zeitpunkt werden wöchentlich Einzelgespräche zwischen Lehrer und bestimmten Schülern geführt. Insbesondere bei Klassen mit vielen unterschiedlichen Schwierigkeiten und Belastungen ist dies eine Möglichkeit, den Kontakt zu einzelnen Schüler zu festigen und intensiv mit ihnen zu arbeiten.

Grundsätze bei Verhaltensmodifikationen sollten immer sein:

- **Kleinschrittiges Vorgehen** um somit **Erfolge zu ermöglichen** (vgl. unten): Die Hürde für das jeweils gesteckte Ziel darf nicht zu hoch sein, sonst kippt das gesamte Vorhaben: Weniger ist mehr! Anhand der zu Beginn gemachten Erfolge wird die Motivation für das weitere Vorgehen zugrunde gelegt. Voraussetzung hierfür ist immer eine vorhandene Selbststeuerungsfähigkeit der Kinder. Können sie das auffällige Verhalten nicht bewusst kontrollieren, wird das Vorhaben auch mithilfe einer Verhaltensmodifikation nicht gelingen (z. B. bei psychischen Störungen).
- **Die Schüler sollten in die Zielsetzung miteinbezogen werden**. Falls ein Schüler nicht in der Lage ist, selbst ein sinnvolles, adäquates Ziel zu benennen, können ihm Alternativen zur Auswahl gegeben werden. So werden die Selbstwirksamkeit der Kinder und gleichzeitig ihre Motivation erhöht und Erfolge wahrscheinlicher.
- Werden **Erfolge** erreicht, diese unbedingt **spiegeln, würdigen und wertschätzen.**

Hier einige konkrete Beispiele für kleinschrittiges Vorgehen:

Was möchte ich erreichen? | *So kann ich es erreichen!*

Zuverlässiges Erledigen von Hausaufgaben	*Mögliche Teilziele* ▶ Ordentliches, vollständiges und zuverlässiges Notieren der Hausaufgaben ▶ Alle Materialien für das Anfertigen der Hausaufgaben dabei haben (zunächst egal, ob erledigt oder unerledigt) ▶ Nur eine Aufgabe/Nummer/Hausaufgabe eines Faches erledigen – Anzahl langsam steigern ▶ Erledigte Hausaufgabe selbstständig abgeben/vorzeigen
Pause ohne Streit	*Mögliche Teilziele* ▶ Ohne Streit anziehen ▶ Ohne Streit anziehen und in die Pause gehen ▶ Pause ohne Streit ▶ Hinweg + Pause + Rückweg ohne Streit ▶ Eine Woche ohne Streit in der Pause ▶ x Wochen ohne Pausenstreit
Konzentriertes Arbeiten ohne Fremdgespräche	*Mögliche Teilziele* ▶ Drei Mal melden pro Stunde ▶ Zwei Minuten ohne Reden (z. B. mit Sanduhr kontrollieren), dann Minutenanzahl steigern
Konzentrierte Stillarbeit	*Mögliche Teilziele* ▶ Ruhiges, schnelles Herrichten des Arbeitsmaterials ▶ Sofortiger Arbeitsbeginn ▶ Stilles Bearbeiten der ersten Aufgabe – dann Aufgabenanzahl steigern oder alternativ stilles Arbeiten über zwei Minuten (Kontrolle mit Sanduhr) – dann Minutenanzahl steigern ▶ Bei Hilfebedarf ruhig melden ▶ Nach Beendigung der Arbeit ruhig zusammenpacken/ruhig melden

Was möchte ich erreichen? | *So kann ich es erreichen!*

Geordnetes Arbeitsmaterial auf/unter dem Tisch

Mögliche Teilziele
- Morgens nach Ankunft benötigtes Arbeitsmaterial auf dem Tisch ordentlich bereitlegen …
- … und zusätzliche Hausaufgaben abgeben/bereitlegen
- Morgendliche Tischkontrolle: nach Bereitlegen des benötigten Arbeitsmaterials Blick unter den Tisch, um zu kontrollieren, ob dort Ordnung herrscht (d. h. kein Müll, stattdessen nur Material, das dort sein soll – dieses ordentlich hingelegt), ggf. kontrolliert Sitznachbar
- Tischkontrolle zusätzlich vor der Pause/bei Verlassen des Klassenzimmers
- Tischkontrolle beim Stundenwechsel

2. Handlungsmöglichkeiten auf Klassenebene

> *Ein Lehrer unterrichtet in erster Linie Kinder und nicht Fächer.*
>
> Remo H. Largo

In Kapitel 1 wurden all die Möglichkeiten zur Sprache gebracht, die in der Interaktion zwischen Lehrer und Schüler zum Einsatz kommen können.
In diesem Kapitel soll es um das System der ganzen Klasse gehen. Es werden wesentliche Grundlagen des Unterrichtsalltags thematisiert, die sowohl zur Prävention als auch zur Intervention eingesetzt werden können. Eine gute Strukturierung und ein positives Klassenklima sind für den Unterricht mit Schülern, die Schwierigkeiten im emotional-sozialen Bereich zeigen, unerlässlich.
Mit ritualisierten Tagesabläufen und bewusst gewählten Unterrichtsmethoden kann ein tragfähiges Fundament gebildet werden. Der Einsatz von Methoden wie Reflexionen, Feedback und Verstärkersystemen bietet zusätzlich klare Strukturen und schafft gleichermaßen Sicherheit für Lehrer und Schüler. Die Durchführung sozialwirksamer Stunden in Form von Trainings, gemeinsamen Bilderbuchstunden oder das Arbeiten mit einem Sozialzielekatalog ist ein wichtiger Baustein im Rahmen der Prävention.

2.1 Organisation und Management im Klassenzimmer

> *Effektives Classroom-Management gilt als Hauptqualitätsmerkmal guten Unterrichts und spart dem Lehrer Nerven, Zeit und Anstrengung.*
>
> Christoph Eichhorn

Die Vorbereitung eines Lehrers auf die jeweilige Schülerschaft ist der Ausgangspunkt für gelingenden Unterricht. Zusammen mit einer guten Lehrer-Schüler-Beziehung bildet das sogenannte Classroom-Management die Basis für einen guten Unterricht.
Konkret bedeutet dies eine erweiterte Vorbereitung des Lehrers: Neben dem Unterricht mit den dazugehörigen Materialien rücken Raum, Zeit und Verfahrensabläufe wie Regelsysteme ins Blickfeld der Organisation. Anhand von Checklisten (KV 4, KV 5, KV 6, KV 7) kann die eigene Arbeitsweise genauer unter die Lupe genommen werden (KV 2).

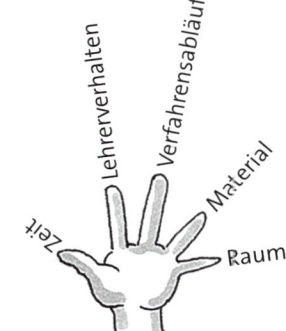

Das Lehrerverhalten verschiebt sich im Sinne der proaktiven Erziehung hin zu „Was kann ich im Vorfeld machen, um Störungen zu vermeiden?" und weg von der reaktiven Sichtweise „Was kann ich jetzt machen, es brennt!?". Diese Verschiebung spart Kräfte, indem wir frühzeitig (mit Zeit, ruhig) agieren, anstatt spontan (in Hektik, angespannt) reagieren zu müssen.

KV 4

Checkliste: Verwendung und Gestaltung von Arbeitsmaterial

Arbeitsblätter, Folien
- [ ] Achte ich auf Übersichtlichkeit?
- [ ] Ist die Schriftgröße/Schriftart angemessen?
- [ ] Achte ich auf Strukturierung?
- [ ] Notiere ich Arbeitsaufträge eindeutig (selbsterklärend, kurz und prägnant)?
- [ ] Verwende ich Symbole als Unterstützung?
- [ ] Reduziere/Vermeide ich Überflüssiges?

theken, offene Unterrichtsformen
- [ ] Ist das Material zielführend/sinnvoll?
- [ ] Sind die Arbeitsaufträge eindeutig (selbsterklärend, kurz und prägnant)?
- [ ] Verwende ich Symbole als Unterstützung?
- [ ] Reduziere ich das Material auf Wesentliches?
- [ ] Ist das Material motivierend?
- [ ] Können die Schüler selbstständig daran arbeiten?

KV 5

Checkliste: Raumgestaltung

Sitzordnung
- [ ] Wo steht das Lehrerpult?
- [ ] Habe ich jeden Schüler im Blick?
- [ ] Kann ich die Sitzordnung je nach Lerninhalten variieren?
- [ ] Wie eng stehen die Tische beieinander?
- [ ] Wie sehen sich die Schüler untereinander?
- [ ] Können sich die Schüler gut konzentrieren oder lenken sie sich gegenseitig ab?
- [ ] Achte ich auf individuelle Bedürfnisse der Schüler (Brille, ADHS, AVWS …)?
- [ ] Kann jeder Schüler zur Tafel/OHP etc. blicken?
- [ ] Passt die Tisch- und Stuhlgröße? (Kontakt zum Boden)
- [ ] Sind die Tische und Stühle in Ordnung und laden zum Lernen ein (… kaputt, verschmiert und laden

KV 6

Checkliste: Zeitmanagement

Gestaltung der Vorviertelstunde
- [ ] Wann beginnt für mich der Unterricht?
- [ ] Wann betrete ich das Klassenzimmer?
- [ ] Welche Aufgaben haben die Schüler bis 8 Uhr?
- [ ] Schaffe ich mir Raum für Gespräche mit den Schülern?
- [ ] Wie begrüße ich die Schüler?

UR-Beginn
- [ ] Womit beginnt der Unterricht (Gong, indiv. Signal)?
- [ ] Beginne ich jeden Tag gleich (verlässliche Rituale)?

UR-Schluss
- [ ] Endet der Unterricht mit dem Gong oder mit der Verabschiedung?
- [ ] Wie beende ich meinen Unterricht?

Stundenplanung
- [ ] Welche Zeitstruktur liegt meiner Planung zugrunde? 45-Minuten-Takt oder anderes?
- [ ] Kann ich während einer Stunde flexibel auf Probleme reagieren oder gerate ich dann in Zeitnot?

KV 7

Checkliste: Verfahrensabläufe

Entlastung der Lehrkraft
- [ ] Wann korrigiere ich die Hausaufgaben? Sind die Schüler in dieser Zeit gut beschäftigt?
- [ ] Wie kann ich auf unvorhergesehene Störungen reagieren (z. B Konfliktklärung nach der Pause; bei Notwendigkeit das Klassenzimmer zu verlassen)? Wie beschäftige ich die Schüler in dieser Zeit?
- [ ] Habe ich ein System, mir während des Unterrichts (z.B. durch einen Schülerboten) Hilfe von anderen Lehrkräften zu holen?

Wechsel der Sozialform
- [ ] Erfolgt der Wechsel an einer stimmigen Stelle im Unterricht?
- [ ] Führt der Wechsel zu größerer Unruhe?
- [ ] Verwende ich Signale (akustisch oder visuell), um den Wechsel einzuleiten?
- [ ] Reflektiere ich nach einem Wechsel, was wie gut geklappt hat?
- [ ] Wie nutze ich diese Zeit?

- [ ] Sind die einzelnen Phasen stimmig und ausgewogen aufgebaut?
- [ ] Ist ein Wechsel zielführend für das Gesamtergebnis?
- [ ] Sind die Arbeitsweisen und Verhaltensregeln für alle Lernformen

Organisation und Management im Klassenzimmer

Neuere Untersuchungen von Hattie aus dem Jahre 2012 belegen erneut die Bedeutung des Lehrerverhaltens im Sinne direkter Instruktion. So sollen „die Lehrenden für eine effektive und störungsarme Klassenführung, für ein anregungsreiches Lernklima und für kognitiv aktivierende Lernaufträge, Aufgabenstellungen und Erklärungen" sorgen (vgl. Steffens/Höfer 2012).

Folgende **Dimensionen der Klassenführung** fallen nach Kounin (2006, 1976) dabei ins Gewicht:

Was möchte ich erreichen?	So kann ich es erreichen!
Verhaltensauffälligkeiten proaktiv entgegenwirken	*Dabeisein und Präsenz zeigen oder „Allgegenwärtigsein"* Der Lehrer bemerkt das Verhalten eines Schülers sofort und signalisiert dies (auch nonverbal); der Lehrer „sieht und weiß alles". *Überlappung oder Multitasking* Hier werden verschiedene Aufgaben vom Lehrer parallel gesteuert, zum Beispiel gleichzeitiges Reden und Ordnen von Material am Pult. *Reibungslosigkeit durch gute Planung* Verzögerungen oder Störungen durch mangelnde Organisation sollen vermieden werden, der Unterricht soll „aus einem Guss" sein. Dies setzt proaktives Durchdenken voraus mit dem Ziel, Reibungslosigkeit im Unterricht durch optimale Abstimmung von Inhalt und Material zu gewährleisten. *Schwung oder Zügigkeit* Der Unterricht soll stets im Fluss sein, zeitliche Verzögerungen sollten vermieden werden. *Gruppenfokus/Gruppenmobilisierung* Alle Schüler sollen sich angesprochen fühlen; der Lehrer hat alle im Blick, auch wenn nur ein Schüler an der Reihe ist. Das Ziel ist die Aufrechterhaltung der Aktivität und des Interesses aller. *Motivierung* Unter Beachtung der didaktischen Prinzipien soll der Unterricht abwechslungsreich gestaltet sein und die Gedächtnisleistungen begünstigen.

Störungen entstehen, wenn diese Komponenten nicht genügend berücksichtigt werden. Studien haben folgende Fehler als die häufigsten im Unterricht ermittelt:
- Lehrer tadelt den falschen Schüler (Objektfehler)
- Lehrer reagiert zu spät auf Fehlverhalten (Zeitfehler)
- Leerlauf
- Beschäftigung mit Nebensächlichkeiten
- Aktivierung nur weniger Schüler
- unklare Aufgabestellungen oder Arbeitsaufträge
- Über- und Unterforderung
- keine oder unangemessene Disziplinierung bzw. harte Strafen

Durch eine Selbsteinschätzung mithilfe von Lehrerfragebögen (KV 2) kann diesen Fehlern entgegengewirkt werden.

2.2 Grundsätze für den Unterricht

„Ohne Grundsätze ist der Mensch wie ein Schiff ohne Steuer und Kompass, das von jedem Winde hin und her getrieben wird."

Samuel Smiles

An dieser Stelle möchten wir auf ausgewählte Unterrichtsprinzipien und Grundsätze verweisen, die sich in der Praxis bewährt haben, um Unterrichtsstörungen und Konflikten auf Klassenebene präventiv entgegenzuwirken. Diese Prinzipien sind entweder im pädagogischen Bereich bekannt oder sprechen für sich und werden daher nur kurz genannt.

Zur Steigerung von Motivation, Arbeitshaltung, Konzentration und Gedächtnisleistung bietet sich Folgendes an:

Was möchte ich erreichen?	So kann ich es erreichen!
Strukturierung	*Passgenaue Planung und gewissenhaftes Einfordern von Struktur*
	Struktur hinsichtlich Klassenzimmerordnung, Sitzordnung, Tagesablauf, Anforderungen an Schüler, Material, Arbeitsformen etc.
	Begründung: Das Herstellen von äußerer Ordnung wirkt sich positiv auf eine innere Ordnung aus: Die Vorgabe von Struktur ermöglicht den Schülern, Ordnung in ihr eigenes Handeln zu bringen.

Was möchte ich erreichen? | *So kann ich es erreichen!*

Rhythmisierung, Wechsel der Lehr- und Lernform	*Methodenwechsel*

Lernortwechsel

Wechsel der Sozialform (Einzelarbeit, Partnerarbeit, Gruppenarbeit, Klassengespräche)

Wechsel der Leistungsanforderungen: Konzentration – Entspannung, Stillarbeit – Bewegung etc.

Begründung:
Ein rhythmisierter Unterricht ist abwechslungsreicher und somit fesselnder, auch für Kinder mit kurzer Aufmerksamkeitsspanne. Wechselnde Lernformen machen mehr Spaß und sind dadurch motivierender. Unterschiedliche Methoden sprechen verschiedene Lerntypen an. Ein Wechsel von An- und Entspannung ermöglicht Ruhepausen. Vielfältige Schlüsselqualifikationen werden trainiert.

Bewegungsmöglichkeiten schaffen (vgl. auch Kapitel 2.4)

Mit der ganzen Klasse: Bewegungslieder, bewegte und ruhige Spiele, Massagen mit dem Igelball etc.

Für einzelne Schüler: Botendienste, Bewegungskartei, Treppenlaufen, Runden-Drehen im Pausenhof etc.

Begründung:
Analog zur Rhythmisierung wird auf die verschiedenen Schüler mit ihren individuellen Bewegungsmustern Rücksicht genommen. Schüler mit hohem Bewegungsdrang können sich durch Bewegungsmöglichkeiten entspannen und ihre Konzentrationsfähigkeit wieder besser aktivieren.

> **!** Toben ist bei diesen Kindern nicht geeignet, gezielte ggf. angeleitete Bewegung wird angeraten; auch leise und laute Bewegungsangebote sollten abgewechselt werden.

Schüleraktivierung   *Positive Auswirkung auf das Lernverhalten durch die Übergabe von möglichst vielen Aktivitäten an Schüler*

Durch Rituale die Schüleraktivierung automatisieren, z. B. sollen sich die Schüler gegenseitig aufrufen etc.

Begründung:
Analog zur Bewegung begünstigt eine hohe Aktivierung das Arbeitsverhalten der Klasse und das Klassenklima.

Lernen mit allen Sinnen   *Einsatz von abwechslungsreichem Material und variierenden Methoden*

Begründung:
Unterschiedliche Lerntypen werden berücksichtigt. Vielfältige Sinneseindrücke begünstigen die Gedächtnisleistung. Die Kinder werden in ihrer Ganzheit angesprochen und durch die Abwechslung motiviert.

Emotionalisierung   *Leitfiguren oder Themen aus dem aktuellen Umfeld der Kinder in den Unterricht einbeziehen*

Das Kind und seine Hobbys und Eigenschaften in schulische Themen einbringen.

Beispiele:
▶ Comicfiguren in Aufsatzübungen miteinbeziehen
▶ Lesetexte über Lieblingssportarten oder aktuelle Bands
▶ Klassenregeln und „Dienste-Plakate" mit Fotos von Schülern aus der Klasse visualisieren oder auch mit der Puppe zur jeweiligen Fibel darstellen

Begründung:
Gerade für Schüler mit Schwierigkeiten im Verhalten ist eine Identifikation mit dem zu behandelnden Stoff wichtig; so gemachte Lernerfahrungen können in ihr Verhaltensrepertoire aufgenommen werden. Zudem steigt die Behaltensleistung an, wenn Kinder emotional beteiligt sind und „mitfiebern". Sie lassen sich intensiver auf den Lernstoff ein, sodass dieser länger und sicherer im Gedächtnis gespeichert wird.

Was möchte ich erreichen? | *So kann ich es erreichen!*

Transparenz/Erwartungen offenlegen	*Stets konkret erläutern, was genau, wie und bis wann verlangt wird.* Dies gilt für den Unterricht, für Hausaufgaben, aber auch für Prüfungssituationen, Referate, Präsentationen etc. Begründung: Kinder wollen gut sein, Kinder wollen gelobt werden. Erreichbare, klare Ziele motivieren zu effektivem Lernen und anstrengungsbereiter, ausdauernder Arbeitshaltung.
Positive Fehlerkultur	*Jeder darf und soll Fehler machen* Fehler nicht einfach rot anstreichen und als schlecht bezeichnen, sondern den Schülern stattdessen als Chance und sinnvollen Zwischenschritt beim Lernen vermitteln Begründung: Fehler sind nötige Teilschritte des Lernprozesses. Sie zeigen den Lernstand und weisen den Weg der weiteren Entwicklung. Durch Fehler können wir den Lernprozess in die richtige Richtung lenken, Neues ausprobieren und Wissen sichern.
Einsatz von nonverbalen Signalen (vgl. Kapitel 2.4)	*Einsatz von Bild- und Symbolkarten* *Vereinbarung von akustischen oder optischen Signalen* Begründung: Der Redeanteil des Lehrers wird reduziert. Verschiedene Sinneskanäle werden angesprochen. Die Kinder können sich durch den ritualisierten Einsatz schneller auf die Lernsituation einlassen.
Grenzen setzen	*Klare Grenzen bei nicht tolerierbarem Verhalten, deren Einhalten stets und ohne zu verhandeln eingefordert wird* *Bei mehrmaligen Überschreitungen eine Regel aufstellen* Begründung: Kinder benötigen Orientierung und daher auch klar definierte Grenzen. Auf der Grundlage der Wertschätzung müssen sie lernen, dass es Grundsätze und Absprachen gibt, an die sich jeder halten muss (vgl. Kapitel 3.1).

Präsenz erhöhen

Sehen und gesehen werden
Interesse für die Person des Kindes sowie ihr Lernen und ihre Fortschritte zeigen und sie mit allen möglichen Mitteln dabei unterstützen. Methoden: Blickkontakt, Einsatz von Nähe und Distanz

Begründung: Fühlt sich ein Schüler sowohl als Person als auch in seinem Lernfortschritt wahrgenommen, kann er effektiver, motivierter und besser Leistung bringen. Seine Arbeitshaltung ändert sich zunehmend in eine positive Richtung, Unterrichtsstörungen verringern sich dadurch.

2.3 Unterrichtsmethoden

„ Nicht mehr allen das Gleiche, sondern jedem das Seine! “
    Winfried Palmowski

Bei der Planung ist die Auswahl der Unterrichtsmethoden ein wesentlicher Baustein für das Gelingen des Unterrichts: Nicht nur Unterrichtsinhalte und -materialien müssen passgenau auf die Fähigkeiten und Fertigkeiten der Schüler zugeschnitten sein, auch die Art und Weise der Vermittlung ist wichtig. Sie sollten sich daher im Vorfeld fragen: Verfügen die Schüler über die jeweiligen Voraussetzungen der Methode oder müssen diese langsam erarbeitet werden? Gerade bei Unterrichtsformen mit hohen Anforderungen an die soziale Kompetenz, wie Partner- oder Gruppenarbeit, brauchen diese Schüler verstärkt Unterstützung, weshalb ein kleinschrittiges Einführen Voraussetzung ist.
Schüler mit Schwierigkeiten im Erleben und Verhalten müssen stets wissen, was sie in der jeweiligen Unterrichtsform erwartet, welches Verhalten erwünscht ist und welche Anforderungen an sie gestellt werden. Diese Schüler brauchen maximale Struktur, da sie ihnen Sicherheit vermittelt.
Vier Methoden finden im Unterricht mit verhaltensauffälligen Schülern besondere Beachtung und werden im Folgenden erläutert. Da Soziales Lernen und das Rollenspiel sicher hinreichend bekannt sind, werden diese beiden Methoden weniger ausführlich beschrieben. Nachdem sie im Unterricht mit schwierigen Schülern jedoch eine zentrale Rolle spielen, dürfen sie hier nicht fehlen!

2.3.1 Soziales Lernen

Soziales Lernen wirkt präventiv! Es findet immer da statt, wo mehrere Menschen aufeinandertreffen. Schüler orientieren sich sehr an ihren Klassenkameraden, jüngere Kinder auch stark an ihren Lehrern. Je positiver die Einstellung zur beobachteten Person ist, desto höher ist die Identifikation mit den gezeigten Verhaltensweisen. Diese werden nachhaltiger gespeichert. Hier wird die Bedeutung einer guten Lehrer-Schüler-Beziehung offensichtlich (vgl. Kapitel 1) und verweist auf die Chance des positiven Verhaltensvorbilds als Lehrer: Kinder beobachten genau, wie ein Lehrer in schwierigen Situationen handelt: Bleibt er ruhig, was passiert mit seiner Stimme, wird er rot, geht er auf die Kinder ein, übt er Macht oder Druck aus …? Anhand dieser Beobachtungen findet bei Kindern Orientierung, Identifikation und eigenes Lernen statt.
Jeder Lehrer sollte sich daher seiner Funktion bewusst sein und positive Lernvorbilder schaffen (KV 2). Ein lösungsorientierter Umgang mit Schwierigkeiten bietet den Schülern die Möglichkeit, bei eigenen Problemen ebenso zu handeln.
Auch der Umgang der Schüler miteinander spielt eine große Rolle: Wie sprechen sich die Kinder in der Klasse an? Helfen sie sich im Alltag gegenseitig bei aufkommenden Schwierigkeiten? Erinnern sie sich an die Einhaltung der Regeln?

All diese vermeintlichen „Kleinigkeiten" im Alltag spiegeln sich enorm im Klassenklima wider: Je sozialer eine Klasse untereinander agiert, desto positiver sind Lernklima und Leistungsverhalten. Daher ist es sinnvoll, soziales Lernen bewusst im pädagogischen Alltag zu verankern und gezielt in die Unterrichtsplanung einzubeziehen. Dies kann auf verschiedene Weise geschehen:

thematisch
- Sozialtrainings mit der gesamten Klasse (vgl. Kapitel 2.8.1)
- themenrelevante Bilderbücher (vgl. Kapitel 2.8.2) und Geschichten mit sozial-emotionalen Themen

methodisch
- Reflexionen und Feedback (vgl. Kapitel 2.5)
- Klassenrat und Klasseninterview (vgl. Kapitel 2.8.3)
- Kooperatives Lernen: Teamarbeit, Partnerarbeit (vgl. Kapitel 2.3.2)
- Mitbestimmung im Lernen (vgl. Kapitel 2.3.3)
- Rollenspiele (vgl. Kapitel 2.3.4)

2.3.2 Kooperatives Lernen

Um Kinder im emotionalen und sozialen Bereich zu fördern, bietet sich die Methode des kooperativen Lernens an: In einer kooperativen Unterrichtseinheit werden fachliche Ziele (z. B. Themen des Sachunterrichts) gemeinsam mit Sozialzielen (z. B. freundlicher Umgangston) verbindlich festgelegt, sodass Arbeiten auf zwei Ebenen stattfindet. Durch eine gute Planung wird eine positive gegenseitige Abhängigkeit der einzelnen Gruppenmitglieder erzeugt, da auf arbeitsteilige Aufgabenstellung geachtet wird und jeder Schüler somit eine andere Tätigkeit übernimmt (z. B. Leser, Schreiber, Sprecher etc.). Dies begünstigt sowohl soziale Interaktionsprozesse als auch das Ergebnis.

Die Gemeinschaftsfähigkeit der Schüler muss dabei noch nicht so gut ausgebildet sein, dass herkömmliche Gruppenarbeit möglich ist. Beim kooperativen Lernen werden diese sozialen Prozesse besonders thematisiert, sodass mit geringsten Anforderungen begonnen werden kann.

Folgende Prinzipien finden im kooperativen Lernen Beachtung (vgl. Weidner, Kooperatives Lernen im Unterricht, S. 33):

- ▸ Lernen als sozialer Prozess (durch Auseinandersetzung mit Wissen und Kompetenzen anderer)
- ▸ Lernen als kommunikativer Prozess (durch Kontakte mit Gleichaltrigen)
- ▸ Lernen als interaktiver Prozess (durch gegenseitiges Lehren)

Die Methode des kooperativen Lernens setzt eine genaue Planung voraus. Jeder Schüler erhält eine andere Aufgabe (KV 8) . Nur durch Kooperation kann das Team zu einem Ergebnis kommen.

KV 8

Ämterverteilung kooperatives Lernen

ausschneiden + laminieren, auch zum Ankleben an Wäscheklammern gedacht

Leser		Leser	
Schreiber		Schreiber	
Sprecher		Sprecher	
Lautstärken…		Lautstärken…	

Die einzelnen Arbeitsformen und „Ämter" müssen erst eintrainiert werden. Die jeweilige Ausgangslage eines Schülers muss eingeschätzt und mit den Zielen der jeweiligen Stunde gut abgewogen werden: Handelt es sich um ein ängstliches und zurückhaltendes Kind oder ist es forsch und impulsiv? Was braucht das Kind, um zielgerichtet mit einem anderen zusammenarbeiten zu können? Benötigt es Zuspruch oder Einschränkung?

Bei Kindern mit Schwierigkeiten im Erleben und Verhalten sollte langsam begonnen werden (vgl. Kapitel 1.3). Schüler, die große Schwierigkeiten haben, mit anderen zusammenzuarbeiten, sollten sich im Vorfeld entscheiden dürfen, ob sie es probieren oder lieber alleine (oder mit nur einem Partner) arbeiten möchten (Reduzierung der sozialen Anforderungen).

Wie bereits erwähnt ist eine systematische Einführung einer neuen Arbeitsform der erste Schritt. Auch hier sind Regeln wichtig und hilfreich:

So arbeite ich mit einem Partner:
- Ich höre meinem Partner zu und lasse ihn aussprechen.
- Wir wechseln uns ab beim Lesen und Schreiben.
- Wir benutzen Flüsterstimmen.
- Wir melden uns leise, wenn wir Hilfe brauchen.

So arbeiten wir im Team:
- Wir arbeiten zusammen.
- Jeder hat eine Aufgabe.
- Wir achten auf die Gesprächsregeln.
- Wir benutzen Flüsterstimmen.
- Wir melden uns leise, wenn wir Hilfe brauchen.

Wenn diese Regeln klar sind (für die Schüler jederzeit sichtbar und mit Bildern zur Visualisierung ergänzt, KV 9) , kann es losgehen!

KV 9

Arbeitsregeln kooperatives Lernen

Wir arbeiten mit einem **Partner:**	
Wir flüstern.	
Wir helfen zusammen.	
Wir konzentrieren uns auf unsere Arbeit.	

Der Lehrer sollte diese Zeit nun intensiv zum Beobachten nutzen:
- Wer agiert wie, wo gibt es Schwierigkeiten?
- Liegen die Schwierigkeiten in der Arbeitsanweisung, im Material oder in der sozialen Interaktion?
- Welches Team kommt gut zurecht?
- Wie sind Umgangston und Lautstärke?
- Wer kann andere gut miteinbeziehen? Etc.

Bei größeren Problemen während des Arbeitens kann die Phase kurz unterbrochen werden: Die Schüler erhalten dann eine Rückmeldung durch den Lehrer. Nach einer Wiederholung der Regeln und der Aufforderung, besser auf die Regeleinhaltung zu achten, wird die Arbeit fortgesetzt.
Am Ende einer Phase muss eine Reflexion erfolgen. Die einzelnen Partner oder Teams geben Rückmeldung bezüglich der Einhaltung dieser Regeln (Selbsteinschätzung): als Handzeichen (Daumen), verbal oder mit farbigen Karten grün, gelb, rot (KV 10, Vorlage kann von den Kindern koloriert werden) . Anschließend teilt der Lehrer ebenso seine Einschätzung mit (Fremdeinschätzung). Auf diese Weise lernen die Schüler, sich selbst besser einzuschätzen (vgl. Kapitel 2.5).

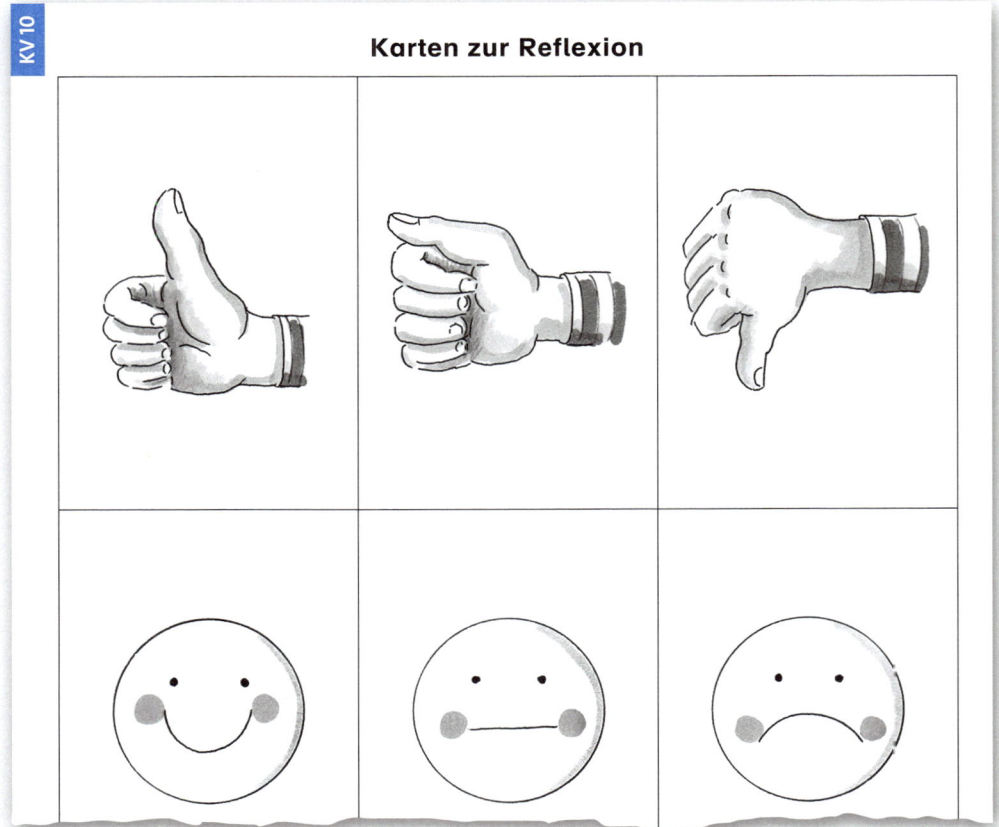

Karten zur Reflexion

Motivierend wirkt zudem der Einsatz einer Verstärkung, indem vom Lehrer Punkte für positives Verhalten verteilt werden (pro Team oder pro Kind). Dies kann ebenfalls visualisiert werden anhand einer Ampel oder eines Punkte-Plakates, was zusätzlich anspornt (vgl. Kapitel 2.6).

Was möchte ich erreichen? | *So kann ich es erreichen!*

Kooperatives Lernen	***Einführen von Regeln*** Regeln für Partner- und Teamarbeit werden schriftlich festgehalten. ***Intensives Beobachten*** Der Lehrer nützt die Arbeitszeit der Schüler zum Beobachten und macht sich Notizen zur Arbeitshaltung und dem Verhalten der Einzelnen für die anschließende Reflexion. ***Ggf. Unterbrechen der Arbeit*** Bei gehäuftem Nichtbeachten der Regeln muss die Arbeitsphase unterbrochen werden, um die Situation zu reflektieren und Ideen zur Änderung zu sammeln. ***Reflexion*** Die Einhaltung der Regeln sollte immer wieder reflektiert werden. ***Verstärken*** Positives Verhalten sollte verstärkt werden, um es zu festigen.

2.3.3 Mitbestimmung im Lernen

Schüler mit Schwierigkeiten im Verhalten haben im bisherigen schulischen Kontext häufig bereits negative Erfahrungen gesammelt. Daher kann es auch zu Verweigerungen aufgrund von Versagensängsten kommen. Manche Kinder erleben in Situationen, in denen Leistung von ihnen erwartet wird und sie eine Bewertung ihrer Person fürchten, ein Gefühl der Ohnmacht und vermeiden diese daher. Deshalb macht es Sinn, die Systematik umzudrehen nach dem Motto: „Etwas, das ich gut kann, mache ich auch gerne!" Dem kann Rechnung getragen werden durch die Möglichkeit der Selbstbestimmung beim Lernen bzw. der Mitbestimmung bei der Auswahl von Unterrichtsaktivitäten.
Durch das Anbieten von Wahlmöglichkeiten bekommt der Lehrer einen Einblick, was ein Kind gerne macht, was es sich zutraut und was es schon

gut kann. Mit der Frage „Möchtest du mit Aufgabe eins, zwei oder drei beginnen?" beispielsweise kann der Lehrer die Stärken eines Kindes herausfinden und daran in der weiteren Planung anknüpfen.

> **!** Da eine reine Form der Selbstbestimmung im Lernen in unserem Schulsystem selten möglich ist, soll im Folgenden der Begriff der „Mitbestimmung" als reduzierte Form der Selbstbestimmung verwendet werden.

Mitbestimmung bietet sich bei freien Arbeitsformen wie der Wochenplanarbeit an: Der Schüler wählt aus verschiedenen Angeboten aus, welche Tätigkeiten er in welcher Reihenfolge erledigt, und kann dadurch ein Gefühl der Selbstbestimmung erlangen. „Was mache ich zuerst, was kommt dann?" Dieses Gefühl der Kontrolle vermittelt ihm Sicherheit und begünstigt eine positive Entwicklung seiner Leistungsfähigkeit.

Der Grat der Mitbestimmung ist jedoch schmal: Gerade Schüler mit Schwierigkeiten im Erleben und Verhalten haben häufig kein adäquat entwickeltes Autonomiebestreben. Sie zeigen oft Tendenzen, so stark selbstbestimmend zu handeln, dass Fremdbestimmung teilweise unmöglich wird. Einige Schüler verweigern daher bestimmte Aufgaben aufgrund ihrer bereits gemachten, negativen Erfahrung völlig. Dies ist dann der Fall, wenn sie noch nicht in der Lage sind, Verantwortung für ihr Lern- und Leistungsverhalten zu übernehmen.

Das heißt jedoch nicht, dass Sie es nicht probieren sollten! Es ist in diesem Fall wichtig, die Anforderungen der Selbstbestimmung zu reduzieren, indem Sie Grenzen klar setzen und den Kindern den Rahmen der Mitbestimmung deutlich machen. Das bedeutet zum einen, dass ein Kind nicht wahllos bestimmen kann, ob oder was es arbeiten möchte. Nur nach Aufforderung des Lehrers erhält es die Möglichkeit zur Mitbestimmung, z.B. bei dafür geeigneten Lernformen. Zum anderen setzt dies eine strukturierte, schrittweise Erweiterung einer zielführenden und reflexiven Aufgabenkultur voraus, die in ihrer Gesamtkonzeption eine Ernsthaftigkeit hinsichtlich der Eigenverantwortung im Lernen verfolgt (vgl. Bohl).

Selbstbestimmung kann als Schutz vor Fremdbestimmung dienen. Dahinter verbirgt sich jedoch Angst vor Versagen oder Angst vor Verlust der Autonomie. Wenn diese Angst dem Kompetenzerleben weicht, kann stufenweise über diese Möglichkeit zur Mitbestimmung echte Selbstbestimmung erlebt werden, insofern sie gezielt durch den Lehrer angebahnt und kontrolliert wird. Dadurch erhalten die Schüler Rückmeldung, dass sie als Person gesehen und ernst genommen werden, dass ihre Meinung etwas zählt und sie die Welt um sich herum mitbestimmen können.

Der gezielte Einsatz von Mitbestimmung in bestimmten Arbeitsformen soll die Selbstwirksamkeit des Schülers dahingehend stärken, sich auch schwierige Dinge zuzutrauen und Neues zuzulassen. Erst wenn sich ein Schüler auf Unbekanntes einlassen kann, sich also auch fremdbestimmen lässt, kann er ein echtes Gefühl der Kompetenz erleben!

Durch diese stufenweise Anbahnung erweitert sich der Handlungsspielraum von Schüler und Lehrer: Durch positive Erfahrungen wagt sich der Schüler an neue Aufgaben heran. Der Lehrer kann diese Möglichkeit nutzen, langsam und systematisch schwierigere Aufgaben vorzugeben und eventuell stoffliche Defizite, die beim Schüler entstanden sind, aufzuholen. Basis hierfür ist wiederum die positive Einstellung, von den Stärken des Kindes auszugehen. So kann langsam Vertrauen in die eigene Leistungsfähigkeit und Verantwortung für ein gesundes Leistungsverhalten wachsen.

Was möchte ich erreichen? | *So kann ich es erreichen!*

Mitbestimmung im Lernen	*An Stärken ansetzen* Dies wirkt positiv und motiviert intrinsisch.
	Schüler in die Lernplanung einbeziehen Themen wählen lassen, gemeinsame Vorhaben planen, Klarheit über anstehende Dinge schaffen etc.
	Wahlmöglichkeiten bieten Orientierung an den individuellen Kompetenzen des Einzelnen („Womit möchtest du heute beginnen?")
	Individuellen Bedürfnissen Rechnung tragen/Spielräume im Lernen anbieten Es gibt bei einzelnen Schülern immer wieder „schlechte Tage". Hierfür sollten im schulischen Rahmen Möglichkeiten eines alternativen Angebotes geschaffen werden. Dies kann zum Beispiel das Reduzieren der Anforderungen bedeuten oder die Möglichkeit einer individuellen Auszeit sein, die ohne Aufsehen zu erregen durch ein Symbol begonnen und beendet wird.
	Klare Rahmenbedingungen für Freiräume aufstellen Klarheit über Beginn und Ende, Arbeitsregeln und Form der Kontrolle schaffen. Wahlmöglichkeiten sollten im Sinne einer wertschätzenden Haltung „echte" Wahlmöglichkeiten sein (Kinder merken schnell, wenn sie nur eine scheinbare Wahl haben und fühlen sich nicht ernst genommen. Dadurch schwindet das Vertrauen in den Lehrer). „Jetzt arbeiten wir am Wochenplan. Wir haben heute eine Stunde Zeit dafür. Überlege dir jetzt, womit du heute beginnen möchtest."

Reflexionen
Auch eine Reflexion ist wichtig! Gerade wenn damit begonnen wird, Schüler mit in die Lernplanung einzubeziehen, ist eine genaue Beobachtung und Rückmeldung durch den Lehrer notwendig. „Timo, du hast sehr leise gearbeitet. Prima!" oder „Jan, du hast gemerkt, dass es dir sehr schwer gefallen ist, mit Mathe zu beginnen. Dadurch hast du viel Zeit verloren. Überlege dir, ob du morgen besser mit einer anderen Aufgabe starten möchtest und Mathe danach erledigst." (vgl. Kapitel 2.5)

Selbstwirksamkeitserleben durch Erfolgserlebnisse
Genaues, individuelles Einschätzen der Lernausgangslage und der Anforderungen, damit Schüler ihre eigenen Kompetenzen zunehmend bewusster erleben und daran wachsen können. Je passender das Anforderungsniveau ist, desto weniger Hilfe benötigt der Schüler, desto weniger bindet er die Aufmerksamkeit des Lehrers. Diese Zeit kann stattdessen genutzt werden, positive Beobachtungen zu sammeln und hinterher rückzumelden.

Erfolge sichtbar machen
Lernaufgaben z. B. an einer Tafel/auf einem Blatt visualisieren, die nach Erledigung abgehakt werden können

Eigenverantwortung für Lernverhalten anbahnen
Durch Bestätigung wie „Super, diese Aufgaben hast du alle alleine geschafft!" oder Fragen wie „Meinst du, es wäre gut, wenn ich dir nächste Woche ein paar Extra-Aufgaben mitbringe, damit du das noch üben kannst?"

2.3.4 Rollenspiel

Diese Methode ist bekannt. Sie eignet sich immer da, wo es um das Erlernen konkreter Verhaltensweisen oder Abläufe geht: Wie kann ich angemessen sagen, dass mich etwas ärgert? Wie kann ich einem anderen ein Kompliment machen? Wie sieht es aus, wenn ich höflich bin? Was kann ich sagen, wenn ich gerne bei anderen mitspielen möchte?
All dies kann geübt und trainiert werden, wenn ein konkretes, positives Verhaltensvorbild erarbeitet wurde. Spielerisch können sich die Kinder ausprobieren, sich in vielleicht noch ungewohnte Rollen hineinwagen und so Neues in ihr eigenes Verhaltensrepertoire übernehmen. Ein Rollen- oder

Perspektivwechsel ist dann hilfreich, wenn sich Schwierigkeiten oder Konflikte verhärtet haben. Eine gezielte Thematisierung kann so zu neuen Ideen und Erkenntnissen führen.

Um Rollenspiele im Unterricht mit verhaltensauffälligen Schülern erfolgreich durchführen zu können, sollte auch hier an strukturierende Rahmenbedingungen gedacht werden.

1. **Basis der Freiwilligkeit:** Kein Schüler wird gezwungen zu spielen.

2. **Klare Regeln zum Ablauf:** Jeder kommt an die Reihe, ggf. mit einer Liste zum Abhaken, wer bereits spielen durfte, usw.

3. **Klare Verhaltensregeln zum Spiel:** Niemand wird ausgelacht, keine Inszenierung im Sinne von Clownerei wird geduldet, auf angemessene Sprache wird geachtet etc.

4. **Individuelle Unterstützung schüchterner Kinder:** z. B. in Form einer „Souffleuse" (das Rollenspiel wird dann von zwei Kindern eingeübt, die sich gegenseitig helfen)

5. **Feste Stelle im Klassenzimmer als „Bühne":** Das Vorspielen sollte jedes Mal an dieser Stelle erfolgen. Es kann natürlich auch an anderen Orten „geübt" werden.

6. **Start- und Endsignal:** z. B. ein kurzer Trommelschlag, eine Glocke oder auch das Ein- und Ausschalten eines „Scheinwerfers". So ist für jeden klar, wann mit dem Spielen gestartet und gestoppt wird.

7. **Wertschätzende und konstruktive Reflexion am Ende des Spiels:** z. B. „Besonders gut gefallen hat mir bei Durak, dass er Lisa immer hat ausreden lassen" oder „Wenn Balint nicht so nahe auf Anna zugekommen wäre, hätte Anna sich bestimmt leichter getraut, etwas zu sagen"; diese Reflexion kann der Lehrer dazu nutzen, gespielte Situationen gedanklich neu zu strukturieren: „Was wäre gewesen, wenn Balint nicht so nahe auf Anna zugekommen wäre?" „Wie würde es dir gehen, wenn jemand so nahe bei dir steht?"

Trotz der notwendigen Rahmenbedingungen soll ein Rollenspiel offen sein für Spontaneität, Kreativität und Ideenreichtum der Kinder. Auf eine enge Maßregelung sollte daher verzichtet werden. Der Lehrer sorgt dafür, dass ein faires und gewinnbringendes Spiel möglich ist, und wird erstaunt sein, was in manchen Kindern steckt.

2.4 Rituale und Struktur

„ Ohne Sicherheit ist keine Freiheit. "
Wilhelm. v. Humboldt

Insbesondere Kinder mit Verhaltensauffälligkeiten benötigen eine klare Vorstellung von dem, was sie in der Schule erwartet. Immer wiederkehrende Einheiten oder Abläufe zu Beginn, am Ende und während des Schulvormittags sind für diese Kinder wie Anker. Kennen die Schüler die Abläufe, finden sie Halt und Sicherheit und können die Anforderungen, die an sie gestellt werden, leichter bewältigen. Eine klare Strukturierung und Rhythmisierung ist somit Grundvoraussetzung für professionellen Unterricht mit Kindern mit Verhaltensauffälligkeiten.

Im Folgenden werden einige Ideen vorgestellt, wie der Schulvormittag strukturiert werden kann. Insbesondere folgende Phasen sollten strukturiert und ritualisiert werden:

- die Vorviertelstunde
- der gemeinsame Tagesbeginn
- das Stellen von Arbeitsaufträgen
- Stillarbeitszeiten und die sich anschließenden Minuten
- das Tagesende sowie der Wochenabschluss
- Konfliktbewältigung

Es sollten dabei selbstverständlich nie alle Ideen umgesetzt werden, sondern jeweils nur einzelne ausprobiert und nach einiger Zeit auch wieder variiert werden.

Vorviertelstunde

Morgenaufgaben

An einer Stelle im Klassenzimmer finden die Schüler Papierröllchen (oder auch Lose, Karteikarten, gefüllte Überraschungseier, ...), auf denen Aufgaben stehen, die bearbeitet werden sollen. Dies können Aufgaben zum Allgemeinwissen sein, aber auch Zeichenaufträge oder Feinmotorikaufträge. Auch Aufgaben zur Wiederholung von Unterrichtsinhalten bieten sich an. Hier einige Beispiele:

- „Schreibe die Namen von fünf Wiesenblumen und fünf Laubbäumen auf ein Blockblatt!"
- „Zeichne eine Eisdiele, davor sitzen viele Leute mit Eistüten und Eisbechern. Ein Kind weint, weil sein Eis auf den Boden gefallen ist."
- „Fädle eine Perlenkette mit dem Farbmuster: gelb, rot, blau, gelb, grün, ..."

Die Schüler ziehen eine Aufgabe, bearbeiten diese und legen das erledigte Los in eine Kiste o. Ä. ab.

Sollen die Lose später auch für andere Kinder verwendet werden, empfiehlt es sich, die Aufgaben zu nummerieren und in einer Tabelle die von den einzelnen Kindern bearbeiteten Nummern anzukreuzen (ähnlich wie bei Karteikartenarbeiten). Zieht ein Kind zufällig ein bereits bearbeitetes Los zum zweiten Mal, kann es entscheiden, ob es die Aufgabe zur Sicherung ein zweites Mal erledigt oder ein neues Los zieht.

Hilfreiche Materialien:

- z. B. Papierstreifen in Klopapierrollen o. Ä., kleine Röllchen in zerschnittenen Strohalmstückchen
- Karteikarten (ggf. laminiert)
- leere Überraschungseierkapseln mit Aufgaben gefüllt

Dienste erledigen

Jedes Kind erledigt bei Eintreffen im Klassenzimmer seinen aktuellen Dienst wie beispielsweise Blumen gießen, Freiarbeitsmaterial ordnen, Garderobe aufräumen, Tafel putzen etc. Fallen Sonderaufgaben an, legt der Lehrer vorbereitete Kärtchen auf einzelne Tische (KV 11). Die Kinder erledigen dann die entsprechende Aufgabe.

Hilfreiche Materialien:

- Übersichtsplan mit aktuellen Klassendiensten
- Kärtchen für Sonderaufgaben (KV 11)

Aufräumen, Hausaufgaben abgeben/vorzeigen

Zunächst wird das Arbeitsmaterial für die erste Stunde bereitgelegt, oder zumindest das Federmäppchen in die Ecke auf dem Tisch gelegt; hinterher können Hausaufgaben abgegeben bzw. bereitgelegt werden.

Erledigung offener Aufgaben/Arbeit am Wochenplan

Noch nicht fertiggestellte Aufgabenblätter werden in einem Ablagesystem gesammelt. Auch unvollständige bzw. nicht ordentlich erledigte Hausaufgaben können dazugelegt werden. Bei Eintreffen im Klassenzimmer kann die freie Zeit zum Weiterarbeiten genutzt werden. Auch die Weiterarbeit am Wochenplan ist denkbar, wenn mit diesem System gearbeitet wird.

Hilfreiche Materialien:

- Ablagesystem
- Wochenplan

Freiarbeit/Spiele

Es eignet sich vieles, von Murmel- und Kegelspielen angefangen, über Feinmotorikübungen wie Erbsen-Löffeln und Fädelspiele bis hin zu LÜK®-Kästen und anderen Lernspielen sowie klassischen Tischspielen. Wichtig ist auch hier das strukturierte Einführen der Spiele und der geltenden Regeln. Dieses freie Angebot zu Beginn des Tages eignet sich jedoch nur für Klassen mit Fähigkeit zur Selbstregulation.

Hilfreiche Materialien:

- Freiarbeitsmaterial und Spiele
- ggf. vorbereitete Spielecken oder Matten

Themenheftchen, Malhefte, Arbeitshefte, Rätsel

Zum ruhigen Morgenbeginn am Platz oder in speziell dafür vorbereiteten Ecken, können die Kinder selbst mit dem Material arbeiten.

Hilfreiche Materialien:

- Selbsterstellte Themenheftchen (z. B. zum aktuellen Sachkundethema)
- Karteikartensysteme
- Malhefte oder Arbeitshefte wie z. B. alle Lesehefte der Reihe Deutsch-Stars (Oldenbourg Schulbuchverlag)
- laminierte Rätselseiten

Zusatz(haus)aufgaben

Freiwillige Zusatzaufgaben, mit denen man sich extra Punkte oder kleine Belohnungen verdienen kann, motivieren viele Kinder mehr als Pflicht(haus)aufgaben. Diese können in einem Ablagesystem oder in Ordnern für die Schüler bereitgelegt werden und sind als Zusatzaufgaben gekennzeichnet (z. B. durch ein Sternchen o. ä.).

Hilfreiche Materialien:

- Arbeitsblätter/Karteikarten

Frühstück/Tee

Insbesondere im Winter genießen die Kinder diese kleine extra Aufmerksamkeit. Es kann Tee gekocht werden oder die von den Kindern selbst mitgebrachte Brotzeit gemeinsam verzehrt werden.

Hilfreiche Materialien:

- Tee in Thermoskanne, Becher

Was möchte ich erreichen? | *So kann ich es erreichen!*

Strukturierte Vorviertelstunde	*Morgenaufgaben, Zusatzaufgaben* Die Kinder können in der kurzen Zeit vor Unterrichtsbeginn verschiedene Aufgaben bearbeiten und auch Belohnungspunkte dafür einsammeln. *Ordnung schaffen* Die Zeit vor Unterrichtsbeginn kann dazu genutzt werden, unerledigte Aufgaben zu vervollständigen, die Hausaufgaben vorzuzeigen oder am Platz/unter der Bank aufzuräumen und Dienste zu erledigen. *Freiarbeit und Spiele* Die Kinder haben auch die Möglichkeit, miteinander zu spielen oder sich mit thematischen Materialien zu beschäftigen.

Gemeinsamer Tagesbeginn

Kalender

Das Datum wird in fast jeder Klasse morgens gemeinsam benannt. Spannender wird dies mit einem Tageskalender, von dem morgens täglich ein Blatt abgerissen wird und das Bild gemeinsam betrachtet bzw. die Rätselfrage gestellt wird. Im Anschluss kann dann, je nach Lesekompetenz der Kinder, Lehrer oder Schüler die Antwort auf der Rückseite vorlesen. Die Kinder freuen sich in der Regel sehr, wenn sie die Kalenderblätter behalten dürfen.

Hilfreiche Materialien:

► Für Kinder geeigneter Tageskalender (z. B. Warum wackelt Wackelpudding?, Textabreißkalender, Wissenmedia-Verlag)

Tagesplan

Das gemeinsame Besprechen des Stundenplans und der Lehrer, die zum Unterrichten kommen werden, gibt Sicherheit.

Hilfreiche Materialien:

- Stundenplankärtchen
- evtl. Namensschilder oder laminierte Fotos der Lehrer

Stimmungsbarometer

Die Schüler klemmen ihr Namensschild an ein Gefühlekärtchen, das ihrer aktuellen Stimmungslage entspricht. Mit jüngeren Kindern kann zunächst nur zwischen „guter", „mittlerer" und „schlechter" Laune unterschieden werden. Nach und nach werden die Gefühle differenziert und erweitert. Zudem kann im Anschluss jedes Kind erzählen, weshalb es sich heute so fühlt. Kinder lernen auf diese Weise, ihre Gefühle zu verbalisieren und zu begründen. Sie fühlen sich gesehen und wertgeschätzt. Auch der Lehrer darf sagen, wie es ihm geht. Es sollte den Schülern erst freigestellt werden, ob sie sich äußern oder nonverbale Möglichkeiten nutzen möchten.

Hilfreiche Materialien:

- Stimmungsbarometer mit Namenskärtchen/-klammern o. Ä. der Kinder
- Gefühlekärtchen

Glückspilz des Tages

Um viele Diskussionen und Streitigkeiten um Sonderaufgaben zu vermeiden, bietet sich das tägliche, morgendliche Ziehen oder Auslosen des „Glückskindes" an. Sein Name oder Foto wird für alle sichtbar neben dem Glückspilz (KV 12) aufgehängt. Der „Glückspilz" darf z. B. als Erster in die Pause, kommt immer dran, wenn er sich meldet, bekommt zuerst das Arbeitsblatt etc. und darf alle Sonderaufgaben ausführen bzw. ein anderes Kind dafür bestimmen. Die Schüler genießen diese Sonderrolle und fühlen sich dadurch wahrgenommen und wertgeschätzt. Da der Glückspilz durch die ganze Klasse rouliert, wird der Gefahr entgegengewirkt, dass ruhige Schüler untergehen und nie Sonderaufgaben erledigen dürfen.

Hilfreiche Materialien:

- Glückspilz o. Ä. als Symbol (KV 12)
- Namenskärtchen/laminierte Fotos der Kinder
- Lose mit den Namen der Schüler

Morgenlos

Als gemeinsamer Tagesbeginn kann (z. B. vom „Glückspilz") ein Los gezogen werden (KV 13) 🔘: Je nach Los darf sich das Kind ein Lied oder Spiel wünschen, der Klasse ein Rätsel stellen, bekommt es von jedem Schüler etwas Nettes gesagt oder der Lehrer liest der Klasse eine Geschichte vor.

Hilfreiche Materialien:

▸ Dose mit unterschiedlichen Losen (KV 13)

Morgenrunde

Jedes Kind darf sich zu einem vorgegebenen Thema kurz äußern. Zum Beispiel: „Wie geht es mir heute?", „Mein Nachmittag gestern ..", „Ein großer Wunsch ..." etc. Das jeweilige Thema kann gelost oder vom Lehrer bzw. einem Schüler bestimmt werden (KV 13) 🔘.

Hilfreiche Materialien:

▸ Lose mit Themenvorschlägen (KV 13)

Nachrichten

Mit größeren Kindern kann morgens kurz besprochen werden, was aktuell in den Tagesnachrichten kam. Ggf. können auch gemeinsam die Acht-Uhr-Nachrichten im Radio gehört und anschließend besprochen werden.

Was möchte ich erreichen? | *So kann ich es erreichen!*

Ritualisierter Tagesbeginn	***Vorausschau auf den Tag*** Gemeinsam den Tagesablauf besprechen: Welcher Tag ist heute? Was erwartet mich heute? Wen treffe ich heute? Wie geht es mir und den anderen heute? Was ist in der Welt passiert? ***Ein „Glückskind"/„Kind des Tages" bestimmen***

Rituale und Struktur

Arbeitsaufträge stellen

Signal zur Stille

Bewährt haben sich akustische Signale gekoppelt mit einer Absprache zum erwarteten Verhalten, wie beispielsweise das „Give me five" (z. B. Ohren auf, Mund zu, Augen zum Lehrer, Arme verschränken, Füße unterm Tisch). Achtung: Immer abwarten, bis wirklich jeder bereit ist!

Hilfreiche Materialien:

- Klangstab, Klangschale, Windspiel, Glocke, Xylophon
- ggf. Plakat für „Give me five"

Einsatz von Symbolen/nonverbalen Signalen

Besser als lautes Rufen und langes, wiederholtes Erklären sind bei wiederkehrenden Aufgaben eindeutige, gut erkennbare nonverbale Signale (wie beispielsweise Handzeichen) bzw. Symbolkarten (z. B. aus „Es geht auch ohne Worte," Verlag an der Ruhr). Dies bietet sich auch beim Wechsel der Arbeitsform an.

Untergliedern der Aufgaben in einzelne Teilschritte

Um Arbeitsaufträge verständlicher zu machen, sollten diese in einzelne Teilschritte (Erstens, zweitens, am Ende …) zerlegt werden. Beispiel: „Als Erstes schreibst du deinen Namen auf das Blatt, als Zweites das Datum, als Drittes bearbeitest du Nummer eins und zwei, danach meldest du dich." Die Aufträge sollten präzise und knapp formuliert bzw. mit eindeutigen Symbolen visualisiert wer=ên
ja en."   n rj werden.

Visualisieren einzelner Arbeitsschritte

Bei komplexeren Aufgaben kann es hilfreich sein, einzelne Teilschritte mit Plakaten oder Auftragskarten zu visualisieren. Dies bietet sich zum Beispiel beim Erlernen einer neuen Technik im Kunstunterricht an. Wenn die Schilder der Teilschritte für alle sichtbar an der Tafel hängen, können sich die Kinder daran orientieren und müssen weniger nachfragen.

Hilfreiche Materialien:

- Schilder der Teilschritte

Arbeitsaufträge von Schülern wiederholen lassen

Grundsätzlich sollten Arbeitsanweisungen immer von Schülern wiederholt werden. Idealerweise häufig von den Kindern, die Schwierigkeiten haben, Arbeitsaufträge zu verstehen. So können im Vorfeld Fragen geklärt werden.
Eine Papageihandpuppe oder ein Bild (KV 14) kann als Symbol immer dann gezeigt werden, wenn die Kinder gut zuhören sollen. Sie wissen dann, dass sie im Anschluss wie ein Papagei „nachplappern" sollen.

Hilfreiche Materialien:

- Papageihandpuppe, Bild eines Papageis (KV 14)

Was möchte ich erreichen?	So kann ich es erreichen!
Verständliche Arbeitsaufträge	*Gesten und Signale* Für wiederkehrende Aufgaben bestimmte Gesten oder Signale vereinbaren. Das erspart wiederholtes Erklären. *Arbeitsschritte aufgliedern und visualisieren*

Stillarbeit

Zeit visualisieren

Um einen Überblick über noch verbleibende Arbeitszeit zu schaffen, kann eine Sanduhr o. Ä. aufgestellt werden. So kann jeder sehen, wie viel Zeit noch zum Beenden der Aufgaben zur Verfügung steht.
Die Uhren helfen auch, um gewisse Aktionen der Kinder zu beschleunigen. Sie können aufgestellt werden mit der Frage: „Wer schafft es in dieser Zeit (bzw. in der blauen, wer in der gelben und wer in der grünen Zeit), sich anzuziehen, aufzuräumen, ...?"
Der Wettbewerbcharakter spornt die Kinder in der Regel an und macht Spaß.

Hilfreiche Materialien:

- Sanduhren (z. B. 5-teiliges Set vom Betzold Verlag), Küchenwecker, Time Timer, andere Kurzzeitmesser

Lautstärke regulieren

Um die Lautstärke während Stillarbeitsphasen zu regulieren, bieten sich nonverbale Signale/Ampeln an. Sie können je nach Absprache vom Lehrer oder aber auch von Schülern betätigt werden. Sind einzelne Kinder zu laut, kann man mit „Psst!-Kärtchen"/Stillefiguren (KV 15) arbeiten, die demjenigen als Erinnerung auf den Tisch gelegt werden. Schafft es das Kind, im Anschluss ruhig zu arbeiten, wird das Kärtchen wieder weggenommen. Zusätzlich kann dies mit Verstärkersystemen kombiniert werden (vgl. Kapitel 2.6). Gibt es Schüler, die extrem lärmempfindlich sind, kann man für Stillarbeiten auch Lärmschutz-Kopfhörer aus dem Baumarkt anbieten.

Hilfreiche Materialien:

- Windspiel oder anderes Signal
- Psst!-Kärtchen (KV 15), Stillefiguren, Ampel
- Kapselgehörschützer

Hilfesysteme einführen

Um Dazwischenrufen und unkontrolliertem Aufstehen bei Einzel- oder Partnerarbeit entgegenzuwirken, empfiehlt es sich, ein Hilfesystem einzurichten:

- Bei der **Hilfeschnur**, einer Leine oder auch einem laminierten Schild an der Wand, dürfen die Kinder bei Bedarf aufstehen und eine Wäscheklammer mit ihrem Namen daranklemmen. Dies empfiehlt sich in Klassen, die Bewegung benötigen. Der Lehrer nimmt dann der Reihe nach die Wäscheklammern ab und geht zum entsprechenden Schüler.
- Falls das Aufstehen zu großer Unruhe oder Chaos führt, kann man mit einem **Hilfesymbol** arbeiten. Jedes Kind hat ein Kärtchen (z. B. laminierter Rettungsring, KV 15) o. Ä., das er bei Hilfebedarf auf eine vereinbarte Tischecke auflegt.
- Sehr effektiv sind **Helferkinder**. Wenn in Stillarbeitsphasen leistungsstarke neben leistungsschwachen Schülern sitzen, können die Helfer viele Fragen beantworten. In anderen Fächern (z. B. praktischen Fächern wie Werken oder Kunst) sind dann oft andere Kinder die Helfer. Helferkinder bewähren sich aber auch bei Kindern, die wiederholt in Streit geraten oder andere Handlungsabläufe nicht alleine ohne Konflikte bewältigen.

Hilfreiche Materialien:

- Leine/Schild mit Namens-Wäscheklammern
- Hilfesymbole/-figuren (KV 15)
- Namenskarten für Helferkinder

Zeitiges Ankündigen des Endes der Arbeitszeit

Das Beenden einer Arbeitsphase wird von Schülern oft als abrupt empfunden, wenn sie mit der Arbeit noch fertig werden wollen. Um Irritationen zu vermeiden, bietet es sich an, das Ende vorab anzukündigen: „Noch zwei Minuten!" Das Umdrehen einer Sanduhr, das Aufziehen eines Weckers oder das Einschalten von Musik hilft den Kindern, aus ihrem konzentrierten Arbeiten wieder zurück in den gemeinsamen Unterricht zu finden.

Hilfreiche Materialien:

- Sanduhr, Wecker, Time Timer
- Musik

Aufräumritual einführen

Um unruhiges Aufräumen zu vermeiden, sollte ein Aufräumritual vereinbart werden. Auf ein bestimmtes Signal hin räumen die Kinder ihre Tische auf, bringen die Arbeitsblätter/Hefte an einen vorher vereinbarten Ort und setzen sich ruhig an ihren Platz. Wer früher fertig ist, darf an Rätselkarten, Themenheftchen, dem Wochenplan, einer „Turbomappe" mit Arbeitsblättern unter jeder Bank o. Ä. (vgl. oben bei Vorviertelstunde) arbeiten.

Was möchte ich erreichen? | *So kann ich es erreichen!*

Orientierung und Ruhe bei Stillarbeit	*Klare Zeitangaben* Kinder können sich besser orientieren, wenn sie wissen, wie viel Arbeitszeit ihnen noch bleibt. *Hilfesysteme* Durch verschiedene Hilfesysteme (z. B. Hilfeschnur, Hilfesymbol, Helferkind) können unruhige Situationen vermieden werden. *Auf angemessene Lautstärke achten*

Reflexion und Pausen

Reflexionsphasen

Nach Arbeitsphasen empfiehlt es sich, Reflexionsphasen als feste Rituale zu initiieren. Dies erhöht die Ernsthaftigkeit der Arbeitsphasen und gibt den Schülern das Gefühl, bei der Arbeit gesehen zu werden (vgl. auch Kapitel 2.5).
Tipp: Auch nach Pausen wird eine kurze Reflexion von Schülern dankbar angenommen: Das Aufzeigen mit dem Daumen verschafft dem Lehrer einen raschen Überblick über das Pausengeschehen. Je nach Zeit können Probleme gemeinsam angesprochen oder individuell mit einzelnen Schülern geklärt werden.

Bewegungspausen

Bewegungspausen haben sich inzwischen in nahezu allen Klassen durchgesetzt. Während kurz gelüftet wird, kann ein Bewegungs- oder Teamspiel (vgl. Kapitel 2.7) gespielt werden oder aber auch ein Bewe-

gungslied gesungen werden (geeignet ist z. B. die Musik-CD „Lied & Bewegung" der Bundeszentrale für gesundheitliche Aufklärung).
Individuelle Bewegungspausen können in freien Lernformen (Tagesplan- oder Wochenplanarbeit) zum Einsatz kommen: Einzelne Schüler nehmen sich auf Nachfrage eine „Bewegungskartei" mit dem zugehörigen Material, bekommen vom Lehrer eine Sanduhr und dürfen ihre Bewegungspause alleine oder mit Partner beispielsweise vor der geöffneten Kassenzimmertüre ausführen (Vorlagen hierfür beispielsweise in Winter/Meisinger 2010 und Rips 2002). Dies kommt v. a. Schülern mit hohem Bewegungsdrang und Wahrnehmungsstörungen zugute.

Das Kollegium sollte über diese Form der Bewegungspause informiert werden, da sich Schüler im Gang aufhalten.

Hilfreiche Materialien:

- Bewegungskartei mit Material (Murmeln, Seil, Sandsäckchen etc.)
- Musik

Was möchte ich erreichen? | *So kann ich es erreichen!*

Wertschätzung nach Arbeitsphasen und Schöpfen neuer Energie

Reflexionsphasen fest einplanen
Nach Arbeitsphasen und Pausen immer wieder kurze Reflexionsrunden einplanen, um einen Überblick über die Stimmungslage und das Geschehen zu erhalten.

Regelmäßige Bewegungspausen

Tagesabschluss

Gemeinsames Aufräumen

Das Aufräumen sollte als selbstverständlicher Bestandteil in den Unterricht integriert werden. Ob arbeitsteilig mit Diensten gearbeitet wird oder jeder für den Platz um seinen Tisch verantwortlich ist, muss je nach Klasse entschieden werden. In manchen Klassen haben sich Aufräumlieder, das Aufräumen auf Zeit mit Sanduhren (vgl. oben bei Stillarbeit) oder Aufräumtandems, die sich gegenseitig kontrollieren, bewährt.

Tagesreflexion

Genauso wie nach kürzeren Arbeitsphasen, sollte auch nach dem Unterrichtstag eine Reflexion selbstverständlich sein (vgl. Kapitel 2.5).
Jedes Kind kann dabei beispielsweise eine Tätigkeit, Situation o. Ä. benennen, die ihm an diesem Tag sehr gut gefallen hat. Der Fokus sollte auf dem Benennen positiver Erfahrungen liegen, was den Schülern ermöglicht, mit einem guten Gefühl den Schultag zu beenden. Dies muss eintrainiert werden, eignet sich aber für alle Klassenstufen.

Ausblick

Ein Ausblick auf den nächsten Tag gibt den Kindern Sicherheit und wirkt unbegründeten Ängsten entgegen.

Abschiedslied/Abschiedsspiel

Schön ist es für die meisten Kinder, den Unterrichtstag mit einem gemeinsamen Lied oder Spiel zu beenden. Dies sorgt für gute Stimmung und kann die Freude auf den nächsten Tag erhöhen.

Geschichte/Rätsel

Alternativ kann auch eine Geschichte vorgelesen oder ein Rätsel gestellt werden. Im Grunde eignen sich auch viele der Ideen des Tagesbeginns (vgl. oben).

Was möchte ich erreichen? | *So kann ich es erreichen!*

Ritualisierter Tagesabschluss	*Gemeinsames Aufräumen* Am Ende des Unterrichts haben die Kinder Zeit, an ihrem Platz Ordnung zu schaffen und Dienste zu erledigen. *Rückblick auf den Tag* In einem kurzen Tagesrückblick können besondere Ereignisse des Tages nochmals in der ganzen Klasse besprochen werden.

Spielerischer Ausklang
Die letzten Unterrichtsminuten für ein wiederkehrendes Lied oder Spiel reservieren oder eine Geschichte vorlesen.

Wochenabschluss

Die-freundlichen-5-Minuten

Am Freitag kann die individuelle Reflexion in den „freundlichen fünf Minuten" (KV 16) 🎲 mit drei vorgegebenen Satzanfängen reihum erfolgen: Jeder Schüler erwürfelt sich einen Satzanfang (je zwei Würfelseiten stehen für einen Satzanfang) (KV 17) 🎲 und beginnt damit seinen positiven Kommentar. Das Berichtete kann sich auf die gesamte Woche beziehen:
1 und 4: Ich habe mich gefreut, dass …
2 und 5: Besonders gut gefallen hat mir, dass …
3 und 6: Prima fand ich, dass …

Stunde der Möglichkeiten

Idealerweise findet die Stunde der Möglichkeiten in der letzten Stunde der Woche statt: Alle Kinder bekommen die Möglichkeit, gemeinsam mit ihren Klassenkameraden oder alleine zu spielen. Voraussetzung dazu ist eine erfolgreiche Woche, d.h. alle Arbeiten (z. B. aus dem Wochenplan, Hausaufgaben etc.) sind beendet oder ein individuelles Ziel wurde erreicht.
Dies ist eine sehr teamfördernde Maßnahme, da in der Regel jeder dabei sein möchte; zudem ergibt sich auch Zeit für kurze Lehrer-Schüler-Gespräche oder gemeinsame „schöne" Zeit mit dem Lehrer.

Was möchte ich erreichen? | So kann ich es erreichen!

Ritualisierter Wochenabschluss	***Reflexion der Woche*** Durch regelmäßige Reflexionsrunden die Woche gemeinsam ausklingen lassen. ***Spielerischer Ausklang der Woche*** Die letzte Stunde der Woche zum Spielen freigeben, ggf. als Belohnung für gutes Verhalten/erledigte Arbeiten

Konfliktbewältigung

Konflikte selbst lösen lernen

Bei umfassenderen Konflikten hat sich die Arbeit mit strukturierten Mediationsmodellen bewährt, wie beispielsweise der Friedenstreppe (vgl. Zwenger-Balink): Wird mit den Schülern eine Methode eingeführt, anhand derer Streitereien wiederholt gelöst werden, können die betroffenen Kinder je nach Alter und Art des Problems früher oder später kleinere Konflikte auch alleine klären. Bei der Lösungssuche helfen zunächst der Lehrer sowie die ganze Klasse, später genügen oft aber auch Streitschlichter, Klassensprecher oder Freunde.

Durch diese ritualisierten Konfliktgespräche lernen die Schüler einen selbstständigen, gewaltfreien und lösungsorientierten Umgang mit Konflikten.

Was möchte ich erreichen? | *So kann ich es erreichen!*

Ritualisierte Konflikt-gespräche / Mediation	*Konfliktsituationen lösen* Lösungsmodelle für Konflikte zusammen mit den Kindern entwickeln und trainieren und nach diesen Mustern Streitigkeiten selbst schlichten lassen.

2.5 Reflexionen und Feedback

> *Verstehen kann man das Leben nur rückwärts, leben muss man es vorwärts.*
>
> Sören Kierkegaard

Mit regelmäßigen, gut durchdachten Reflexionen kann man im Bereich emotional-soziales Lernen viel erreichen. Kinder lernen dadurch, ihr Verhalten wahrzunehmen, zu verstehen und zu beeinflussen.

Weshalb Reflexionen in den Unterricht einplanen?

Reflexionen sind im Grunde kleine Sozialtrainings. Sie fokussieren und trainieren wichtige Komponenten des emotional-sozialen Bereichs:

- **Selbst- und Fremdwahrnehmung** wird geschult, da die Kinder lernen, sich selbst sowie ihre Partner während der Arbeit zu beobachten. Durch Feedback des Lehrers bekommen sie Rückmeldung bzgl. ihrer eigenen Wahrnehmung.
- **Gefühle** und ein sozial angemessener Umgang damit werden thematisiert und eingeübt, indem z. B. besprochen wird, wie es sich anfühlt, wenn man viel erledigt hat oder sich nicht gut konzentrieren konnte.

- **Schlüsselqualifikationen** werden trainiert, z. B. Ehrlichkeit, Toleranz, Empathiefähigkeit, Friedfertigkeit, Konfliktfähigkeit usw. Während der Reflexionsphasen werden diese Bereiche thematisiert und positiv verstärkt. Schüler, die ehrlich reflektieren, werden beispielsweise dafür gelobt, auch wenn ihr Verhalten während der Arbeitsphase nicht nur vorbildlich war.
- Durch das **Setzen eigener Ziele und das Fassen von Vorsätzen** wird eine positive Entwicklung als selbstverständlich betrachtet. Die Schüler sollen lernen, dass niemand perfekt ist und sich jeder noch positiv weiterentwickeln kann. Daher wird überlegt, welches Ziel als nächstes realisierbar sein könnte. Je kleinschrittiger die gesetzten Ziele, desto schneller und größer die Erfolge!
- Um diese Ziele zu erreichen, werden **Handlungsalternativen** entwickelt, getestet und reflektiert. Es wird gemeinsam überlegt, wie die gefassten Vorsätze umgesetzt werden könnten und wer oder was dabei behilflich sein kann.
- **Selbststeuerung** wird verlangt und geübt, da bei der Reflexion immer wieder darauf Bezug genommen wird.

Inhalte einer Reflexionsrunde
Inhaltlich sollte der Schwerpunkt stets auf lösungsorientierten Fragen liegen: Betont wird, was gut geklappt hat. Daraufhin sollte überlegt werden, was das nächste Ziel sein könnte und wie dieses zu realisieren ist.
- Was hat gut geklappt?
- Was könnte noch verbessert werden?
- Wer/was kann mir dabei helfen?

Wann und wie oft Reflexionsphasen durchführen?
Je nachdem wie der Schwerpunkt der Reflexion gesetzt und welches Hauptziel verfolgt wird, kann eine Reflexionsphase zu verschiedenen Zeitpunkten Sinn machen: Nach Einzelarbeitsphasen, nach Partner- und Gruppenarbeiten, vor Pausen, am Unterrichtsende oder auch zum Unterrichtsbeginn.

Werden Reflexionen in kürzeren Zeitabständen häufiger eingesetzt, kann das Ziel auch von impulsiven Kindern besser erreicht werden. Die entsprechenden Verhaltensweisen werden leichter verinnerlicht und Erfolge werden schneller, umfassender und deutlicher sichtbar.

Welche Arten von Reflexionen und Feedbackrunden gibt es?
Der eigenen Kreativität sind hier keine Grenzen gesetzt. Einige Beispiele:

Was möchte ich erreichen? | *So kann ich es erreichen!*

Abwechslungsreiche, situationsangepasste Reflexionen

mündlich:

Lehrer-Schüler-Gespräch
Beim klassisch frontalen Gespräch helfen ggf. visuelle Veranschaulichung oder Verbalisierungshilfen wie z. B. Satzanfänge.

Zufallsreflexion
Satzanfänge (KV 18) 🔵 können gelost oder gewürfelt werden.

Schülerinterview
Zwei Schüler interviewen sich gegenseitig. Einer erzählt anschließend, was für den anderen gut geklappt hat, und umgekehrt.

Symbolhafte Gegenstände
Einzelne Schüler nehmen sich je einen sie ansprechenden Gegenstand aus einem Schälchen heraus und erzählen dazu Passendes. Die Gegenstände können entweder vom Lehrer zusammengestellt werden oder auch mit den Schülern gemeinsam gesammelt und erweitert werden. Hier einige Anregungen:
- Feder: „Leicht fand ich …"
- Blume: „Schön fand ich heute …"
- Stein: „Schwer war heute …"
- Edelstein: „Ganz besonders war heute …"
- Knoten: „Kompliziert fand ich …"
- Zwei oder mehr zusammengesteckte Legosteine: „Zusammengearbeitet habe ich mit …"

schriftlich:

Arbeitsblatt
Am Ende einer Arbeitsphase können die Schüler Aussagen ankreuzen oder Sätze ergänzen und bilden (KV 19, 20, 21) 🔵.

Was möchte ich erreichen? | *So kann ich es erreichen!*

Reflexionsheft
Nach Arbeitsphasen machen die Schüler Notizen in ein kleines Heft.

Nonverbal – die schnelle Alternative für Zwischendurch:

Daumen-/Körperfeedback
Je nachdem, wie gut es geklappt hat, das eigene Ziel zu erreichen, werden die Daumen nach oben, waagerecht oder nach unten gestreckt. Für Klassen, die mehr Bewegung brauchen, kann dies auch mit dem Körper angezeigt werden, indem man in die Hocke geht oder sich entsprechend hochstreckt.

Ampelkarten
Rote, grüne und gelbe Karten (KV 10) werden je nach Einschätzung von den Schülern hochgehalten, während der Lehrer Aussagen wie beim Meinungsbarometer (s. u.) oder dem Daumen-/Körperfeedback nennt.

Meinungsbarometer
Auf einer Seite des Klassenraums wird auf dem Boden ein Schild mit „ja" oder „gut" gelegt, auf der anderen Seite ein Schild mit „nein" oder „schlecht". Der Lehrer nennt Aussagen wie „Ich konnte mich heute gut konzentrieren!" (vgl. auch KV 18) und die Kinder positionieren sich wie auf einem Barometer jeweils an der entsprechenden Stelle. Gut funktioniert dies in langen Schulfluren.

Diagramm aus Klebepunkten/Barometer mit Magneten
Möchte man die Fortschritte der Kinder visualisieren und gleichzeitig längere Zeit sichtbar machen, um beispielsweise später Entwicklungsschritte zu besprechen, können mehrere Meinungsbarometer-Aktionen als Diagramme dargestellt werden. Die Positionen der Kinder werden mit Klebepunkten in verschiedenen Farben geklebt. Anstelle von Klebepunkten können auch Magnete hergenommen werden.

Was möchte ich erreichen? | *So kann ich es erreichen!*

Ja-Nein-Schnur
Die Ja-Nein-Schnur funktioniert ähnlich wie das Meinungsbarometer, nur dass sich die Schüler nicht selbst aufstellen, sondern eine Wäscheklammer mit ihrem Namen an einer Schnur positionieren. Diese Methode eignet sich besonders, wenn nur eine Aussage thematisiert wird und das Ergebnis längere Zeit sichtbar bleiben soll.

Vorsatzbarometer
Für diese Methode schreibt jeder Schüler seinen aktuellen Vorsatz auf ein Kärtchen. Die Kärtchen werden dann an eine Schnur geklemmt oder an eine Pinnwand gepinnt. Nach jeder Arbeitsphase wird das Kärtchen entsprechend zwischen „gut" und „schlecht" positioniert. Konnte der Vorsatz mehrmals gut umgesetzt werden, darf ein neues Kärtchen geschrieben werden. Die umgesetzten Vorsatz-Kärtchen können gesammelt oder mit einem Lob des Lehrers versehen werden und z. B. den Eltern gezeigt werden.

Einzelreflexion
Zwar lieben in der Regel alle Kinder Reflexionen, aber manchmal kann es sinnvoll sein, spezielle Reflexionen mit einzelnen Schülern durchzuführen, um das Arbeitsverhalten langfristig zu verbessern.

KV 20

Reflexionsblatt: Klasse 2 bis 4 zum Ankreuzen

Name: Datum: Klasse:

Gut geklappt hat heute:
- [ ] Ich konnte mich heute gut **konzentrieren**.
- [ ] Ich konnte **leise** arbeiten.
- [ ] Ich habe **viel erledigt**.
- [ ] Ich konnte jemandem **helfen**.
- [ ] Ich habe etwas dazu**gelernt**.
- [ ] Ich habe mich an die **Arbeitsregeln** gehalten.
- [ ] Ich habe schnell **aufgeräumt**.

Schwierig war für mich heute:
- [ ] Es fiel mir schwer, mich zu **konzentrieren**.
- [ ] Es fiel mir schwer, **leise** zu arbeiten.
- [ ] Ich habe nur wenig **erledigt**.
- [ ] Ich hatte **Streit**.
- [ ] Ich habe **nur wenig gelernt**.
- [ ] Ich konnte mich nicht an die **Regeln** halten.
- [ ] Ich habe lange gebraucht, um **aufzuräumen**.

- [ ] Es wäre gut, wenn mich das nächste Mal jemand **erinnern** könnte, **leise und konzentriert** zu arbeiten.
- [ ] Es wäre gut, das nächste Mal den **Arbeitsplatz** zu wechseln.

2.6 Verstärkersysteme und Belohnungen

„ Beim Gutsein ertappen! "
Unbekannt

Da Verhalten allgemein durch Lob und Anerkennung viel besser und nachhaltiger zu beeinflussen ist als durch Kritik und Sanktionen, sollten positive Verstärkung und Lob im Mittelpunkt Ihrer pädagogischen Arbeit stehen.

Verstärkersysteme
Verstärkersysteme können für einzelne Kinder oder für die ganze Klasse eingeführt werden. In manchen Fällen bewähren sich auch klassenübergreifende Verstärkersysteme, die von der ganzen Schule getragen werden (vgl. Kapitel 3.2). Durch diese Methode der Rückmeldung wird erwünschtes Verhalten positiv verstärkt, z. B. durch ein Punktesystem. Dadurch wird es auch für den Lehrer leichter, die eigene Aufmerksamkeit auf positives Verhalten zu richten. Die Kinder können durch diese unmittelbare Rückmeldung ihre Selbstwahrnehmung verbessern und erfahren, welches Verhalten in der jeweiligen Situation von ihnen erwartet wird. Dabei sollten auch „Kleinigkeiten" Beachtung finden. So kann beispielsweise ein unruhiger Schüler, dem es schwerfällt ruhig zu sitzen und Ordnung am Platz zu halten, positiv verstärkt werden, wenn er auf ein Signal hört und aufmerksam zum Lehrer schaut oder während einer Arbeitsphase auf ein Signal hin kurz den Stift beiseite legt oder im Anschluss zügig aufräumt.

Positive Verstärkung erfordert zunächst einen Perspektivenwechsel, verändert jedoch die gesamte Klassensituation positiv: Nicht die Fehler, sondern das Gelingen, die Stärken der Kinder stehen jetzt im Fokus. Dies ermöglicht, auch kleinste Fortschritte anzuerkennen und das Kind in seinem individuellen Tun zu stärken. Zwar fällt dies bei Kindern mit Verhaltensauffälligkeiten zunächst schwer, aber jeder kann lernen, auch die schwierigsten Schüler beim Gutsein zu ertappen.

Über einen speziellen Detektivbogen (KV 22) wird der Blick von Lehrer und Schüler gezielt auf Positives gelenkt, das es bewusst wahrzunehmen und anzuerkennen gilt. Zu Beginn fällt es Schülern oft schwer, überhaupt etwas Gutes zu finden. Hierin liegt ein wesentlicher Bereich unserer pädagogischen Arbeit, da Stärken gesehen werden, an denen Schüler weiter wachsen können.

> **!** Falls Sie dennoch auch negativ verstärken möchten, muss unbedingt darauf geachtet werden, dass zwei unabhängige Systeme eingeführt werden. Keinesfalls sollten positive Punkte, die von den Schülern „erarbeitet" wurden, durch unangebrachtes Verhalten wieder verloren gehen bzw. weggenommen werden!

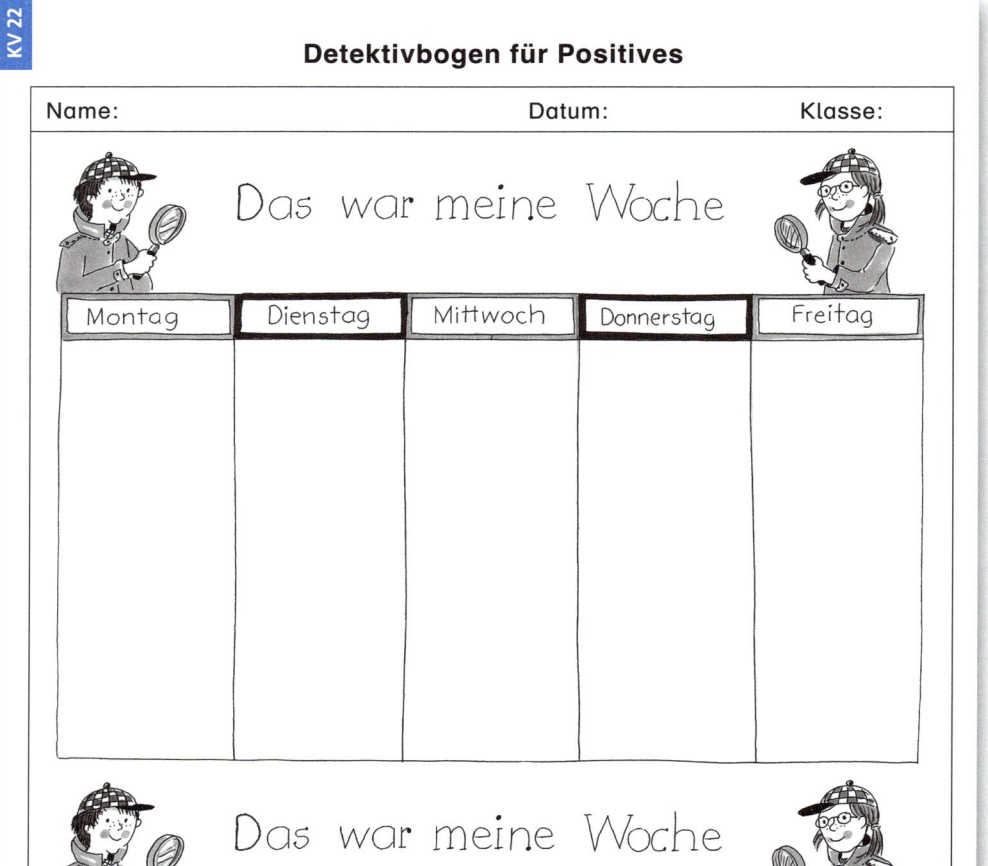

Positive Verstärkung ...
- ... erfolgt nach positivem Verhalten, kontinuierlich (zuverlässig jedes Mal) oder intermittierend (unregelmäßig, wobei die Verstärkung anfangs noch kontinuierlich eingesetzt wird und dann langsam abgebaut wird. Intermittierende Verstärkung zeigt langfristig die geringste Löschungsresistenz.).
- ... wird informell durch spontane Lehrerrückmeldung oder mithilfe von Verstärkersystemen durchgeführt.
- ... soll umsetzbar und logisch sein.
- ... erfolgt materiell oder immateriell.
- ... erfordert die Kooperation aller Lehrer in einer Klasse. Absprachen mit Fachlehrern sollten aber immer unter Beachtung individueller Präferenzen getroffen werden: Nicht jeder Lehrer kann oder möchte mit den gleichen Systemen arbeiten.

Neben den gängigen Punktesystemen können vielfältige andere Verstärkersysteme ausprobiert werden. Hier einige Vorschläge:

KV 23

Vorlage für Tischkärtchen – Individualziele

Mein Ziel für die Woche:

So hat es geklappt:				
MO	DI	MI	DO	FR
○	○	○	○	○
○	○	○	○	○
○	○	○	○	○
○	○	○	○	○
○	○	○	○	○

Mein Ziel für die Woche:

So hat es geklappt:				
MO	DI	MI	DO	FR
○	○	○	○	○
○	○	○	○	○
○	○	○	○	○
○	○	○	○	○
○	○	○	○	○

Was möchte ich erreichen? | *So kann ich es erreichen!*

Individuelles Verstärken einzelner Schüler

Tischziele
Auf dem Tisch liegt bzw. klebt ein individuelles Ziel (KV 23) 💿, das im Idealfall von dem entsprechenden Schüler selbst gefasst wurde. Das Erreichen des Zieles kann beispielsweise durch Klebepunkte, gemalte Smileys oder auch nonverbale Signale verstärkt werden. Die Schüler haben ihr individuelles Ziel hierbei wortwörtlich „vor Augen".

Weg zur Schatzkiste
An der Wand befindet sich ein laminierter „Weg" aus verschiedenfarbigen Feldern. Am Ende des Weges hängt das Bild einer Schatzkiste. Nach jeder Unterrichtsstunde und/oder der Pause wird kurz reflektiert. Jeder Schüler, der das vereinbarte Ziel erreicht hat, darf mit seiner Figur/Klammer o. Ä. ein Feld weiterrutschen. Das Verstärken bekommt ritualisierten Charakter und unterstützt das Gefühl, gesehen zu werden. Wer am Ende des Tages die Schatzkiste erreicht, bekommt eine Belohnung.

Was möchte ich erreichen? | *So kann ich es erreichen!*

Lob-Tafel
Diese Methode stammt ursprünglich aus dem Classroom-Management (board of compliments). Auf einer Seitentafel, einem Poster o. Ä. werden vom Lehrer (oder je nach Altersstufe auch von Schülern) Lob und Komplimente schriftlich festgehalten. Dies soll das erwünschte Verhalten verstärken und hilft dem Lehrer, den Fokus im Unterricht auf positives Verhalten der Kinder zu legen – denn nur so kann die Lob-Tafel gefüllt werden.

Rückmeldung im Sekundenfenster
Wenn man ein Kind für positives Verhalten loben will, sollte man dies innerhalb einer Sekunde durch ein freundliches Gesicht bzw. eine anerkennende verbale Äußerung oder auch Handlung tun. Nur dann werden diese Beziehungssignale, die auf unbewusster Ebene verarbeitet werden, gleichzeitig verarbeitet und gespeichert. Der gleiche Effekt gilt für Bestrafungen. Jüngere Schüler starten den Tag zum Beispiel mit einer Sonne, an der fünf Wäscheklammer-Strahlen befestigt sind. Bei einem störenden Verhalten nimmt der Lehrer ohne Kommentar sofort eine Klammer weg. Wenn die Rückmeldung für ein Verhalten innerhalb des Sekundenfensters erfolgt, können die Schüler lernen, ihr Verhalten besser zu steuern. Kinder müssen erst lernen, einen Belohnungsaufschub zu leisten und brauchen deshalb eine schnelle Rückmeldung zu ihrem Verhalten (vgl. Jansen/Streit, S. 35ff).

Verstärken von Verhalten einer Gruppe oder Klasse

Steine im Glas
In der Klasse wird ein Glas positioniert, in das bei erwünschtem Verhalten eine Murmel oder ein Stein gelegt wird. So kann die Klasse, eine Gruppe oder auch jeder Schüler einzeln durch vorbildliches Verhalten Murmeln für die Klasse sammeln. Sobald das Glas voll ist, gibt es eine Extraspielestunde, Wunschspiele im Sportunterricht, einen Ausflug, o. Ä. Der Teamaspekt wird hierbei verstärkt, da die Klasse gemeinsam sammelt und die Belohnung auch ein Gemeinschaftserlebnis sein sollte. Durch verschieden große Murmeln/Steine kann unterschiedliches Verhalten, evtl. auch bei verschiedenen Schülern, unterschiedlich stark verstärkt werden.

Was möchte ich erreichen? | *So kann ich es erreichen!*

Puzzle
Dieses Verstärkersystem eignet sich beispielsweise, um zuverlässiges Arbeiten (bei Hausaufgaben, Partnerarbeiten etc.) zu verstärken. Schafft es die ganze Klasse, gut zu arbeiten, erhält sie ein Puzzleteil (z. B. eines laminierten zerschnittenen Bildes). Die Teile werden an der Wand/Tafel gesammelt, wodurch nach und nach das Bild entsteht. Ist es komplett, wird die Klasse belohnt.

Wunschtreppe
Diese Methode funktioniert ähnlich wie die Puzzle-Verstärkung (als Klassenverstärkung) oder der Weg zur Schatzkiste (als individuelle Verstärkung). Wird das besprochene Ziel erreicht, rückt eine Figur o. Ä. auf die nächste Stufe. Oben angelangt, darf ein Wunsch für eine Gemeinschaftsaktion (s. u.) geäußert werden.

Spiele-Uhr
Es werden von der gesamten Klasse Minuten für eine gemeinsame Spielzeit gesammelt. Schnelles Aufräumen o. Ä. führt zum Gewinn einer Minute, welche der Lehrer gut sichtbar an einer Spieluhr durch Verschieben des Zeigers verdeutlicht.

Richtig loben
Eine weitere Form der Rückmeldung ist Anerkennung oder Lob.
Nicht alle Kinder wollen vor der Klasse ein Lob erfahren (gerade mit zunehmendem Alter), weshalb es teilweise sinnvoller ist, das Lob unter vier Augen auszusprechen. Dabei sollte auf folgende Aspekte geachtet werden:

Was möchte ich erreichen? | *So kann ich es erreichen!*

Ehrliches Lob   *Konkret Wahrnehmbares beschreiben*

 „Dein Bild gefällt mir sehr gut!"

 „Du hast dein Bild komplett fertig gemalt, keine weiße Stelle ist mehr zu sehen. Das gefällt mir sehr gut!"

Positive Auswirkung und das damit verbundene Gefühl beschreiben

 „Super, das hast du toll gemacht, Timo!"

 „Prima, du hast deinen Platz schnell und ohne Hilfe aufgeräumt! Jetzt bist du ganz fertig, Timo!"

Vergleiche und wertende Adjektive vermeiden
Vergleiche zur Vergangenheit, zu anderen Situationen oder zu anderen Kindern/Klassen sind ebenso ungünstig wie wertende Adjektive („schön", „brav", ...)

 „Du warst nun viel schneller als gestern und hast sogar ruhiger gearbeitet als Simona. Du warst sehr fleißig."

 „Du hast schnell und ruhig gearbeitet. Der ordentliche Hefteintrag gefällt mir sehr gut."

Übereinstimmung von verbalen und nonverbalen Signalen
Bei widersprüchlichen Signalen werden die Schüler das Nichtsprachliche ernster nehmen als die sprachliche Rückmeldung. Wir Lehrer neigen dazu, den sprachlichen Äußerungen mehr Gewicht zu geben (vgl. Jansen/Streit, S. 45), sollten den Fokus aber auf nonverbale Signale setzen (vgl. Kapitel 1.1). Wenn eine Klasse beispielsweise für ihr gutes Benehmen bei einer Schulversammlung gelobt werden soll, dann sollte der Gesichtsausdruck diese positive Rückmeldung auch widerspiegeln. Ebenso ist ein ernster Gesichtsausdruck bei einer Ermahnung wichtig für die Kinder. Wenn dieses mit einem Lächeln erfolgen würde, wären die Schüler irritiert. Ironische Bemerkungen können viele Schüler nicht richtig einordnen. Sie sollten möglichst unterlassen werden.

Ehrlichkeit beim Loben
Mit Lob sollte man nicht übertreiben. Nur das, was wirklich eine Leistung bedeutet, sollte angesprochen werden. Ein Lob für Selbstverständliches zu bekommen, könnte zu verminderter Anstrengung des Schülers oder Unglaubwürdigkeit führen.

Richtig belohnen

Belohnungen müssen nicht immer Gummibärchen oder Hausaufgabengutscheine sein, auch wenn beides natürlich bei den Kindern beliebt ist. Schön und thematisch passend sind Gemeinschaftsaktionen als Belohnung:

- Extrazeit für Teamspiele
- kleine Ausflüge/Spaziergänge z. B. auf den nächsten Spielplatz
- Unterricht im Freien
- eine Wunschsportstunde
- ein gemeinsames Frühstück
- eine Woche, in der immer während der letzten 15 Minuten vorgelesen wird
- eine Fotostunde, in der Fotos der vergangenen Ausflüge/Aktionen gemeinsam angesehen werden (toll ist dies natürlich, wenn ein Beamer zur Verfügung steht)
- Klassenkino
- ein Spielzeugtag

Möchte man individuell belohnen, sind Lobanrufe oder Lobbriefe (KV 24) eine der wirkungsvollsten, von den Kindern heiß begehrten und zugleich billigsten Belohnungen. Eine weitere Möglichkeit sind Lobkärtchen, die man beispielsweise auf Etiketten druckt und dann ins Hausaufgabenheft des entsprechenden Schülers kleben kann (KV 25). Bei Schülern und Eltern kann damit eine positive Kooperation und Entwicklung angestoßen und zügig vorangebracht werden.

> Übrigens: Schüler haben selbst meist sehr gute Ideen für angemessene Belohnungen. Bezieht man sie in diese Überlegungen mit ein, motiviert dies zusätzlich.

KV 24

Lobbriefe – Vorlagen

Liebe(r) _____,

in den vergangenen _____ Tagen hast du es immer wieder geschafft, zuverlässig auf unser Ruhe-Signal zu achten und schnell zu mir zu schauen. Du hast dich bemüht, mir bei den Erklärungen aufmerksam zuzuhören.
Ich weiß, dass es für dich bisher schwierig war, auf Signale zu hören und konzentriert zu bleiben.
Daher freue ich mich riesig, dass du dich jetzt so angestrengt hast und es so gut geschafft hast.

Ich bin stolz auf dich!

Verstärkersysteme und Belohnungen

KV 25

Lobstreifen für das Hausaufgabenheft

Du hast heute schnell aufgeräumt. Prima!	Super, du hast heute gut auf die Melderegel geachtet!
Ein Lob von: _____	Ein Lob von: _____
Du hast heute sehr ordentlich geschrieben. Toll!	Du warst heute sehr hilfsbereit. Danke!
Ein Lob von: _____	Ein Lob von: _____
Prima, du hast heute deinen Ordnungsdienst gut erledigt!	Du hast heute im Unterricht gut aufgepasst. Super!

2.7 Klassenklima und Team-/Interaktionsspiele

> *Überall dort, wo Menschen mit Menschen zu tun haben, muss ein Umdenken passieren. Motivation und Teamgeist, Freude am Lernen und Kooperation gilt es zu fördern, um der Bildungsmisere zu begegnen.*
>
> *Joachim Bauer*

Zahlreiche Studien belegen, dass Schüler, die in einem positiven Umfeld lernen, effektiver arbeiten und bessere Leistungen erzielen. Das Klima in einer Lerngruppe beeinflusst sowohl das Arbeits- und Leistungsverhalten als auch den Lernerfolg, die Einstellung zur Schule und das Sozialverhalten. Daher sollte jeder Lehrer das Klassenklima in die Planung seiner Arbeit miteinbeziehen und das Fördern eines positiven Lernumfeldes als Entwicklungsaufgabe seiner Schüler und Schule sehen (vgl. auch Kapitel 2.8.1).

Ein gutes Klassenklima ist geprägt von ...

- ... einem positiven **Sozialverhalten** der Schüler und einem dazu passenden Lehrervorbild und -verhalten. Dazu zählen Werte, Einstellungen, Haltungen (Hilfsbereitschaft, Konfliktkultur, Toleranz, Akzeptanz, Respekt).
- ... einer positiven **Arbeitsatmosphäre und -haltung**: Diese spiegelt sich in der Lern- und Leistungsmotivation und -bereitschaft sowie in Regelbewusstsein und -konformität der Kinder wider.
- ... einem starken **Teamgedanken**, d.h. einem Klassenzusammenhalt ohne Ausgrenzungen und Mobbing.

- ... einem positiven **Kommunikationsverhalten**: Hierzu gehören u. a. das Einhalten von Gesprächsregeln sowie ein höflicher und freundlicher Umgangston.

Das Fördern eines positiven Klassenklimas ist eine Aufgabe, die über das ganze Schuljahr hinweg sukzessive erfolgen muss.

Was möchte ich erreichen? | *So kann ich es erreichen!*

Fördern eines positiven Klassenklimas	*Diagnostik* Zu Beginn kann insbesondere in Klassen mit älteren Schülern durch Fragebögen der Ist-Stand ermittelt werden (vgl. BZgA: Achtsamkeit und Anerkennung, S. 76 ff. oder bpb: KlassenCheckUp). Im Anschluss sollten aber immer wieder Reflexionen erfolgen und die Entwicklung mit den Schülern thematisiert und kommuniziert werden. Beim Besprechen der Ergebnisse wird zunächst das Positive hervorgehoben. Danach können dann Zielsetzungen erfolgen, um die Weiterentwicklung in eine Richtung zu bringen und Schwerpunkte zu setzen. *Konsequenzen und Methoden* Ist ein Ziel gesetzt, kann daran auf verschiedene Art und Weise gearbeitet werden. Das Lehrervorbild spielt dabei eine große Rolle. Bei der Arbeit mit den Schülern sind jene Grundsätze, Methoden und Wege empfehlenswert, die oben beschrieben wurden. *Teamspiele* Um den Klassenzusammenhalt zu stärken, Berührungsängste abzubauen und den Schülern gemeinsame positive Erlebnisse zu ermöglichen, hat sich zudem der Einsatz von Teamspielen bewährt. Diese sind oft ohne Material und mit wenig Zeitaufwand durchzuführen, können also immer wieder als Auflockerung in den Unterricht eingebunden werden. Einige ausgewählte Beispiele stellen wir im Folgenden vor. Es gibt inzwischen auch unzählige Bücher, die verschiedene Teamspiele beschreiben.

Bewährte Teamspiele aus der Schulpraxis

Die nachfolgenden Spiele eignen sich für die Teambildung besonders gut. Während der Spielphasen kann der Lehrer die Beobachterrolle einnehmen. Oft lassen sich bei Teamspielen sehr gut Strukturen der Gruppen erkennen: Machtverhältnisse und Wortführer werden deutlich, Mitläufer fallen auf. Neue Klassen kann man somit als Lehrer in diesen Phasen rasch kennenlernen.

Insbesondere nach Spielen, die den Teamgedanken stärken, aber auch nach solchen, die die Konzentration fördern oder das Vertrauen stärken bzw. Berührungsängste abbauen, sollten Reflexionen durchgeführt werden. So wird den Schülern ermöglicht, aus ihrem Spielverhalten zu lernen, Strategien zu entwickeln und ihre Selbstwahrnehmung zu stärken.

> **!** Bei Spielen mit Körperkontakt muss die jeweilige Ausgangslage besonders beachtet werden: Nicht allen Schülern ist es angenehm, von anderen berührt zu werden. Diese Spiele fördern dann also nicht die Teamfähigkeit, sondern bergen in sich die Gefahr der Isolation Einzelner, die nicht teilnehmen möchten. Ein langsames Anbahnen ist hierzu nötig!

Spiel: Wunschtraum

Ziel: Kennenlernen
Material: Karteikarten/Papierstreifen (ca. DIN A6), Stifte, Kreppband
Spielzeit (ohne Reflexion): je nach Gruppengröße 10–20 Min.

Spielverlauf: Jeder Teilnehmer schreibt auf einen Zettel zwei „Träume": seinen größten Wunsch (beispielsweise „Weltreise machen", „eigenes Pferd haben", „Cabrio") und etwas, was für eine andere Person ein Wunschtraum sein könnte, man selbst aber überhaupt nicht möchte (vielleicht „Fallschirmsprung machen", „Fußballer XY treffen"). Hat jeder zwei Träume untereinander geschrieben, werden die Zettel den Personen jeweils auf den Rücken geklebt (z. B. mit Kreppband). Dann nimmt jeder einen Stift (einen, der nicht auf die Kleidung durchdrücken kann, z. B. Bleistift), steht auf und geht von einem Mitspieler zum nächsten. Jedes Kind liest immer die beiden „Träume" seines Gegenübers und versucht, die Person einzuschätzen. Hinter den Wunschtraum, den man für wahr hält, macht man einen Strich. Wenn die meisten Teilnehmer denken, dass sie bei allen (oder zumindest den meisten) Mitspielern einen Strich gemacht haben, setzen sich alle wieder hin und nehmen die Zettel ab. Jeder darf nun in Ruhe auf seinem Zettel ansehen, wie er von den Mitspielern eingeschätzt wurde. Als Auflösung folgt darauf eine Runde, in der jeder seine beiden Aussagen vorliest, seinen richtigen Lebenstraum verrät und sagt, wie er von den anderen eingeschätzt wurde. Bei großen Gruppen können dies auch nur einzelne ausgewählte Schüler tun. Die anderen können ihren Traum farbig markieren, ihren Namen darauf schreiben und die Zettel aufhängen. So kann sie jeder zu einem späteren Zeitpunkt in Ruhe nochmals ansehen.

Dieses Spiel kann neben Wunschträumen natürlich auch mit anderen Themen wie Lieblingstier, Lieblingsschulfach, Lieblingsessen, Hobbys, Berufswunsch o. Ä. gespielt werden.

> **!** Bei Kindern, die noch nicht gut schreiben oder lesen können, besteht die Gefahr, dass willkürlich gestrichelt wird, ohne zu lesen. Bei solchen Gruppen könnten auch zwei Bilder (oder Symbole) gezeichnet werden, die auf Nachfragen bei Unklarheiten mit kurzen Erklärungen der Kinder ergänzt werden können.

Spiel: Mein Name – meine Eigenschaft

Ziel: Kennenlernen
Material: Papier, Stifte
Spielzeit: je nach Gruppengröße und der Art der Präsentation
5 – 15 Min.

Spielverlauf: Jeder Teilnehmer schreibt seinen Namen in Großbuchstaben senkrecht von oben nach unten auf ein Blatt. Hierauf sucht er zu jedem Buchstaben ein Adjektiv, das zu ihm passt.
Beispiel:
Schnell
Interessiert
Lustig
Kitzlig
Einzigartig

Hat jeder für alle Buchstaben ein Adjektiv gefunden, werden die Ergebnisse präsentiert. Jeder Teilnehmer liest seine Wörter vor und erklärt ggf. kurz, was das Wort mit ihm zu tun hat. Zudem oder alternativ können die Zettel auch aufgehängt werden.

Mit jüngeren Schülern kann dieses Spiel auch mit Substantiven gespielt werden: Dinge die irgendetwas mit ihnen zu tun haben/die sie gerne mögen.
Beispiel:
Fußball
Rot
Adler
Nutella
Zirkus

Spiel: Personenbingo

Ziel: Kennenlernen
Material: KV 26, 27, 28
Spielzeit: ca. 10 Min.

Spielverlauf: Jeder Teilnehmer erhält ein Aufgabenblatt, auf dem steht, welche Personen er finden soll (z. B. jemanden, der gerne Spinat mag, jemanden, der schon einmal in Frankreich war, jemanden, der eine ältere Schwester hat, …). Dann dürfen alle aufstehen und sollen innerhalb eines bestimmten Zeitraumes so viele Personen wie möglich finden, die zu den einzelnen Aussagen passen.

Ist die Zeit vergangen, setzen sich alle hin. Die Aussagen werden nacheinander vorgelesen und alle Personen, für die die jeweilige Aussage zutrifft, stehen auf. Nun kann jeder kontrollieren, ob er die Namen richtig notiert hat, und diese abhaken.

Ggf. können die richtigen Namen gezählt werden. Der Teilnehmer mit den meisten richtigen Namen gewinnt.

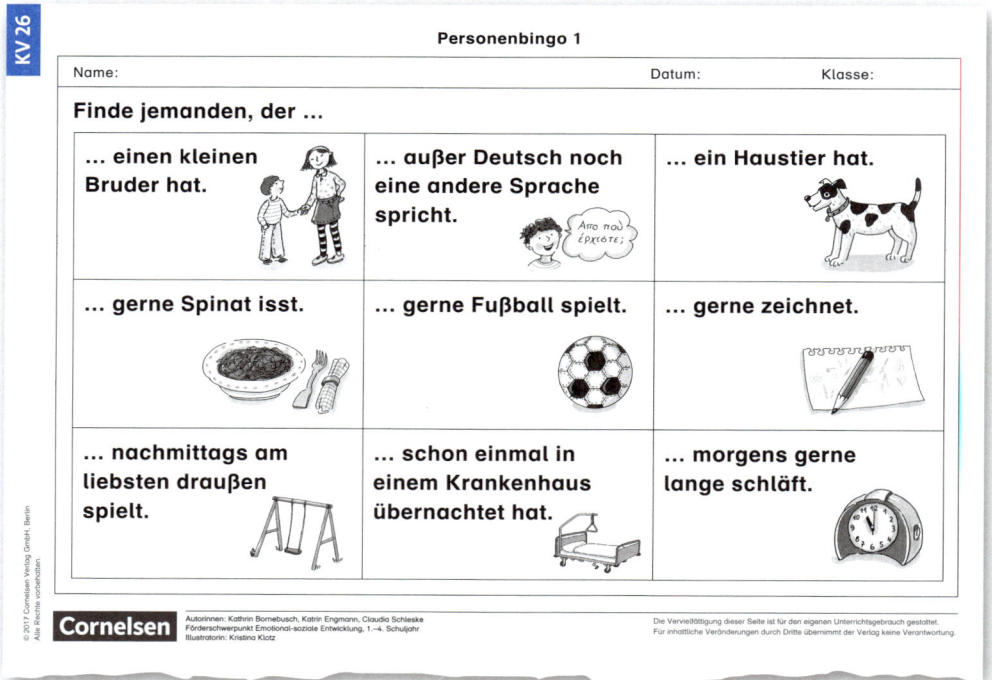

Handlungsmöglichkeiten auf Klassenebene

Spiel: Ballmuster

Ziel: Teamgedanken stärken, Zusammenhalt fördern
Material: verschiedene Bälle, Gummiente o. Ä.
Spielzeit: 5 – 10 Min.

Spielverlauf: Alle Teilnehmer stehen mit hängenden Armen im Kreis. Ein Ball wird quer durch den Kreis in beliebiger Reihenfolge von Schüler zu Schüler geworfen, wobei sich aber jeder merken muss, von wem er den Ball zugeworfen bekam und an wen er ihn weitergeworfen hat. Jeder Schüler soll dabei den Ball nur einmal erhalten: Zur Orientierung verschränkt jeder, der den Ball einmal hatte, die Arme. Wenn jeder einmal an der Reihe war, geht der Ball zum Ausgangspunkt zurück. Nun soll der Ball im gleichen „Muster" nochmals durch den Kreis gehen, aber mit gesteigertem Tempo und ohne die Arme zu verschränken. Kommt er am Ausgangspunkt an, geht es nahtlos weiter und der Ball wandert noch mehrere Runden durch den Kreis, immer im selben Muster. Klappt dies gut, kommt ein zweiter Ball in den Umlauf, der etwas zeitversetzt dem gleichen Muster folgt. Hierauf ein dritter und vierter Ball. Die Anzahl und Größe der Bälle kann je nach Größe und Alter der Gruppe beliebig weit gesteigert und variiert werden, bis das Tempo immer schneller und irgendwann der eigene Rekord gebrochen wird.
Um das Spiel noch schwieriger zu gestalten, kann beispielsweise eine Gummiente zusätzlich durch die Runde gehen, allerdings nicht im Ballmuster sondern z. B. im Uhrzeigersinn. Lustig wird es, wenn diese quietschen kann und jeder, der sie gerade in der Hand hält und das Bedürfnis hat, einmal kurz quietschen darf.

 Mit unruhigen Gruppen kann dieses Spiel auch im Sitzen gespielt werden.

Spiel: Fliegender Stab

Ziel: Teamgedanken stärken, Zusammenhalt fördern
Material: langer, leichter Stab (z. B. Zeltstab eines alten Igluzeltes, Klappmeterstab, Bambusstab)
Spielzeit: 5 – 10 Min.

Spielverlauf: Die Teilnehmer stehen sich im Spalier (zwei Reihen, einen Gang bildend, mit Blickkontakt) gegenüber (Abstand ca. 50 cm – 80 cm). Jeder hält seine Hände auf Bauchhöhe, macht Fäuste und streckt die Zeigefinger aus. Die Zeigefinger der gegenüberstehenden Schüler sollen nun so auf einer Höhe angeordnet werden, dass eine Art Reißverschlussmuster entsteht. Die Finger sollten relativ nah nebeneinander sein. Nun wird auf dem „Fingerreißverschluss" ein langer Stab abgelegt. Der „Arbeitsauftrag" lautet, dass der Stab von den Teilnehmern gemeinsam auf dem Boden abgelegt werden soll, sobald der Spielleiter den Stab loslässt. Einzige Bedingung ist, dass immer Fingerkontakt zum Stab bestehen muss, d.h. es darf bei keinem Mitspieler eine Lücke zwischen Stab und Finger entstehen.

Dies klingt einfach, ist es jedoch nicht. Durch die Bedingung, Kontakt zum Stab zu halten, wird sich der Stab in der Regel zunächst nach oben und nicht wie aufgetragen nach unten bewegen. Erst wenn sich die Gruppe abspricht und versucht, gemeinsam die Finger nach unten zu bewegen (zum Beispiel auf ein Kommando hin), ist die Aufgabe zu erfüllen.

Spielt man dieses Spiel öfter, kann mit einer Stoppuhr auch gemessen werden, wie lange die Gruppe bei jedem Versuch braucht und ob der eigene „Rekord" gebrochen werden kann.

Spannend für den Lehrer ist dabei zu beobachten, wie sich die Gruppe verhält, ob Schuldzuweisungen erfolgen oder ob einzelne Schüler das Kommando übernehmen.

Spiel: Line up

Ziel: Teamgedanken stärken, Zusammenhalt fördern
Material: evtl. Schnur, Kreppband, Langbank
Spielzeit: je nach Gruppengröße 5 – 10 Min.

Spielverlauf: Alle Teilnehmer stehen nebeneinander auf einer Linie (Kreppband, Schnur, alternativ: Langbank, Baumstamm, …). Auf ein Signal hin dürfen sie nicht mehr sprechen, sollen sich aber auf der Linie nach einer bestimmten Reihenfolge neu anordnen (z.B. der Größe nach: die/der Kleinste links, die/der Größte rechts). Die Schüler sollen hierbei kreativ werden und sich mit Mimik und Gestik verständigen. Je nach Gruppenzusammensetzung ist das Verlassen der Linie verboten oder erlaubt. Wenn alle wieder ruhig stehen, wird verglichen bzw. verbal aufgelöst und ggf. korrigiert.

Themen, nach denen geordnet werden kann:
Geburtsmonat: Januar – Dezember
Geburtstag: 1 – 31
Hausnummer: 1 – x
Anzahl der Buchstaben des Vornamens: 1 – x
Haarfarbe: hell – dunkel

Spiel: Sim-Sala-Bim

Ziel: Teamgedanken stärken, Zusammenhalt fördern
Material: Stäbe (z. B. Gymnastikstäbe aus der Turnhalle, Besenstiele) oder Tücher oder Stühle
Spielzeit: ca. 10 Min.

Spielverlauf: Die Teilnehmer stehen im Kreis. Jeder hält vor sich mit einer Hand einen Stab, der auf dem Boden steht. Auf das Kommando des Spielleiters „Sim-Sala!" lässt jeder seinen Stab los und greift den Stab seines linken Nachbarn. Jeder bewegt sich dazu ein Stück im Uhrzeigersinn weiter. Ziel ist es, dass dabei kein Stab umfällt, sondern jeder den nächsten Stab greifen kann, ehe dieser umkippt. Fällt ein Stock dennoch um, wird er kommentarlos aufgehoben und weiter gespielt. Es folgen weitere „Sim-Sala"-Kommandos, die Schüler bewegen sich im Uhrzeigersinn von Stock zu Stock. Klappt dies gut, wird um ein zweites Kommando erweitert: Sagt der Spielleiter „Bim", bewegen sich alle gegen den Uhrzeigersinn und greifen also den Stab des jeweils rechten Nachbarn. Als drittes Kommando kann „Sim-Sala-Bim" dazugenommen werden. Dabei lässt jeder seinen Stab los, dreht sich ganz schnell auf der Stelle um sich selbst und greift den eigenen Stab wieder (je nach Gruppenzusammensetzung kann statt der Drehung auch ein Klatschen, Hüpfen, o. Ä. erfolgen).

Anstelle von Stäben können auch Seidentücher verwendet werden, die in die Luft geworfen werden. Ebenso ist das Spiel mit Stühlen möglich: Jeder hat einen Stuhl vor sich stehen und kippt diesen so, dass er nur auf zwei Stuhlbeinen steht. Wird der Stuhl auf die Kommandos hin losgelassen, darf er mit den anderen beiden Stuhlbeinen den Boden nicht berühren.

Spiel: Ding-Dong-Dusch

Ziel: Teamgedanken stärken, Zusammenhalt fördern
Material: –
Spielzeit: 5 – 10 Minuten

Spielverlauf: Dieses Spiel funktioniert ähnlich wie „Sim-Sala-Bim". Alle Teilnehmer stehen im Kreis und halten die Hände mit den Handflächen nach oben auf Bauchhöhe, Finger nach vorne. Dabei werden die Arme so über bzw. unter die des Nachbarn geführt, dass eine Art „Reißverschluss" entsteht und immer Handflächen verschiedener Leute nebeneinander angeordnet sind. Einer beginnt, sagt „ding" und klatscht dabei mit seiner rechten Hand auf die Handfläche, die sich links neben seiner Hand befindet. Der Besitzer dieser Hand tut das Gleiche: Er sagt „ding" und klatscht mit seiner rechten Hand auf die Handfläche links daneben. So wandert „ding" im Uhrzeigersinn durch den Kreis. Sagt nun ein Teilnehmer, der an der Reihe ist, „dong", ändert sich die Richtung und es wird nach rechts, also gegen den Uhrzeigersinn, geklatscht. Bei dem Kommando „dusch" wird ein imaginärer Ball mit beiden Händen zu einem anderen Teilnehmer quer durch den Kreis geworfen. Der „Fänger" darf dann entscheiden, mit welchem Kommando es weitergeht.

Spiel: Partnerpendel

Ziel: Vertrauen fördern, Berührungsängste abbauen
Material: –
Spielzeit: 5 – 10 Min.

Spielverlauf: Jeweils zwei Schüler stehen sich im Abstand von ca. 80 cm gegenüber. Zwischen die beiden stellt sich ein dritter Schüler: einem Schüler wendet er seinen Rücken zu, sein Gesicht schaut zum anderen Schüler. Nun fassen die beiden Außenstehenden dem Schüler, der in der Mitte steht, sanft an die Schultern und führen seinen Oberkörper in sanften Schaukelbewegungen ein Stück nach vorne und wieder nach hinten. Das Kind in der Mitte versucht, Körperspannung aufzubauen und steif wie ein „Brett" zu werden. Es pendelt in fließenden Bewegungen sacht nach vorne und wieder zurück. Funktioniert dies gut, werden die Bewegungen langsam ausladender und der Kontakt an den Schultern lässt nach, bis das Kind schließlich frei pendelt und nur ganz vorne und hinten von den äußeren Schülern „gefangen" und sanft in die andere Richtung geschoben wird.

Spiel: Blindführen, Fotografenrallye

Ziel: Vertrauen fördern, Berührungsängste abbauen
Material: Augenklappen/Tücher
Spielzeit: 5 – 10 Min.

Spielverlauf: Die Schüler sind als Paare aufgeteilt, jeweils einem Schüler werden die Augen verbunden, das andere Kind stellt sich hinter das „Blinde", fasst sanft an die Schultern und führt es langsam durch das Klassenzimmer oder eine vorgegebene Route entlang. Nach einer kurzen Zeitspanne wird gewechselt.
Bei ängstlichen oder sehr jungen Kindern kann zunächst mit Augenklappen gespielt werden, die nur ein Auge abdecken.
Dieses Spiel kann auch noch zur „Fotografenrallye" erweitert werden. An einer (zwei, drei, vier, …) vom führenden Kind bestimmten Stelle darf das

„blinde" Kind kurz die Augen öffnen, aber nur geradeaus sehen. Es soll sich vorstellen, die Augen wären eine Kamera. Damit soll es von dem kurzen Ausschnitt ein Foto machen und dieses in Erinnerung behalten (junge Schüler dürfen beim „Fotografieren" natürlich „auf den Auslöser drücken" und ein kurzes „Klick"-Geräusch machen.) Dann werden die Augen wieder verschlossen und das Kind wird weiter geführt.

Spiel: Waschstraße

Ziel: Vertrauen fördern, Berührungsängste abbauen
Material: –
Spielzeit: 5 – 10 Minuten

Spielverlauf: Alle Kinder knien in zwei Reihen als Spalier gegenüber (Abstand ca. 50 cm – 80 cm) und bilden die „Waschstraße". Ein Kind darf als „Auto" langsam durch den Gang zwischen den anderen hindurchkrabbeln (das Tempo darf es selbst bestimmen, aber es muss immer mindestens minimal in Bewegung sein). Die anderen Schüler spielen dabei die „Bürsten" der „Waschstraße" und massieren das vorbeikrabbelnde Kind sanft am Rücken. Ist das Kind am Ende der „Waschstraße" angekommen, setzt es sich im Anschluss in die Reihe und der Nächste ist an der Reihe.

Bei der Einführung dieses Spiels muss klar besprochen werden, an welchen Körperstellen berührt werden darf und wo nicht bzw. wie Massieren angenehm ist.

Spiel: Bewegungspaare finden

Ziel: Konzentration fördern
Material: –
Spielzeit: 10 Min. pro Durchgang

Spielverlauf: Aus der Schülergruppe werden zwei Schüler bestimmt, die den Raum verlassen, um dann gegeneinander zu spielen. Wenn die beiden Schüler gegangen sind, bilden sich aus den verbleibenden Schülern Paare. Diese überlegen sich ein gemeinsames Zeichen oder eine Bewegung, z. B. hüpfen, an die Nase fassen, mit den Fingern schnalzen o. Ä. Dann mischen sich die Paare und alle Schüler stellen sich wieder im Kreis auf.
Die beiden Schüler werden hereingebeten. Der erste Spieler beginnt und deutet auf ein Kind im Kreis. Dieses macht die vereinbarte Bewegung. Wie bei anderen Spielen, bei denen Paare gefunden werden müssen,

darf jetzt der erste Spieler nochmals auf ein weiteres Kind deuten und sich dessen Bewegung zeigen lassen. Anschließend kommt der zweite Spieler an die Reihe, der wiederum zwei Mitschüler aussuchen darf, indem er auf sie deutet. Stimmen die beiden Bewegungen überein, hat man ein Paar gewonnen, das sich auf eine Seite stellt. Aus den verbliebenen Personen im Kreis werden so lange immer zwei ausgewählt, bis alle paarweise bei einem Spieler stehen. Wer ein Paar gefunden hat, darf erneut auf Personen im Kreis deuten. Gewonnen hat der Spieler, der die meisten Paare entdeckt hat und entsprechend viele Mitschüler auf seine Seite geholt hat.

Das Spiel kann anschließend mit zwei neuen Spielern und wechselnden Paaren, die sich neue Bewegungen überlegen, gespielt werden.

Spiel: Oberaffe

Ziel: Konzentration fördern
Material: –
Spielzeit: 5 – 10 Min.

Spielverlauf: Alle Teilnehmer sitzen oder stehen im Kreis, ein Kind verlässt kurz den Raum. Währenddessen bestimmen die anderen den „Oberaffen". Dieser hat nun das Kommando und macht wiederholt eine Bewegung, die alle anderen mitmachen (z. B. klopft er rhythmisch auf die Oberschenkel oder streckt wiederholt die Zunge heraus und zieht sie wieder in den Mund). Irgendwann wechselt er zu einer anderen Bewegung und alle wechseln mit. Das Kind von draußen wird hereingebeten, geht in die Mitte des Kreises und muss nun erraten bzw. gut beobachten, wer der „Oberaffe" ist. Es hat mehrere Versuche frei. Alle anderen müssen natürlich versuchen, nicht zu auffällig zum „Oberaffen" zu schauen, aber dennoch den Wechsel von Bewegungen rasch mitzubekommen. Wird der „Oberaffe" entlarvt, darf das Kind, das geraten hat, bestimmen, wer als Nächstes raten darf.

Spiel: Wecker suchen

Ziel: Konzentration fördern
Material: Küchenwecker
Spielzeit: 1,5 Min. pro Durchgang

Spielverlauf: Es wird ein Kind bestimmt, das vor dem Klassenzimmer wartet. Ein anderes Kind darf einen aufgezogenen (und damit tickenden) Wecker verstecken. Dieser soll vom ersten Kind gefunden werden, während alle anderen Kinder in der Klasse ganz leise sein müssen.

Natürlich dürfen die Kinder erst dann Tipps geben, wenn das suchende Kind Unterstützung braucht. Wurde der Wecker gefunden, kommen zwei weitere Kinder an die Reihe.

Spiel: Toaster-Spiel

Ziel: Spaß haben, Hemmungen abbauen
Material: KV 29
Spielzeit: 10 Min.

Spielverlauf: Bei diesem Spiel stellen sich alle in einem Kreis auf. Ein Freiwilliger geht in die Kreismitte, gibt ein Kommando für eine Bewegungsfigur und deutet dabei auf einen Mitschüler. Dieser muss dann mit den jeweils rechts und links von ihm stehenden Schülern eine dem Kommando entsprechende Bewegungsfigur ausführen (KV 29). Gelingt dies nicht oder verpasst eines der drei Kinder seinen Einsatz, muss die Person, die einen Fehler gemacht hat, in die Kreismitte und ihrerseits auf einen Mitschüler deuten und die entsprechende Bewegungsfigur benennen.

Beispiele für Bewegungsfiguren sind: Toaster, Palme, Kuckucksuhr und vieles mehr. Neben den Beispielen auf KV 29 können weitere Kommandos selbst erfunden werden. Zu jeder Bewegungsfigur gehören immer drei Personen.

Bei diesem Spiel gibt es viel Bewegung und es wird erfahrungsgemäß viel gelacht.

Toaster-Spiel

Figurtitel			Skizze	Figurtitel			Skizze
Linke Person	Mittlere Person	Rechte Person		Linke Person	Mittlere Person	Rechte Person	
Dönerbude				**Hase**			
Dönerspießhalterung	sich drehender Dönerspieß	fleischabschabender Verkäufer		Ohr	hüpfender Hase	Ohr	
Elefant				**Toaster**			
Ohr	Rüssel	Ohr		halber Toaster	Toastbrot	halber Toaster	
Feuerwehr				**Kaffeekanne**			
pumpender Feuerwehrmann	löschender Feuerwehrmann	pumpender Feuerwehrmann		Tülle	halber Bauch der Kanne	halber Bauch der Kanne	
Flugzeug				**Kamel**			
Tragfläche	Pilot	Tragfläche		Hals und Kopf	Höcker	Höcker	

Spiel: Im Wald

Ziel: Spaß haben, Hemmungen abbauen
Material: –
Spielzeit: 5 –10 Min.

Spielverlauf: Alle Teilnehmer stehen im Kreis. Einer beginnt und macht die Bewegung der „alten Dame": Er beugt sich nach vorne und stützt sich mit einer Hand auf einen imaginären Stock, mit der anderen fasst er sich an den Rücken, so läuft er zwei Schritte auf der Stelle. Die Dame „wandert" nun in eine Richtung durch den Kreis, d. h. jeder macht der Reihe nach kurz diese Bewegung. Die Dame dreht so mehrere Runden. Irgendwann wird die Dame vom „Jäger" verfolgt. Das heißt, kurz nachdem ein Mitspieler die Dame dargestellt hat und diese „weiterging", macht er nun die Bewegung des Jägers, der durch das Fernglas in Richtung Dame sieht: Er hält sich dabei die Hände wie ein Fernglas vor die Augen und kneift die Augen zusammen. Auch diese Bewegung wandert etwas zeitversetzt zur Dame durch den Kreis und dreht ihre Runden.
Je nach Gruppenzusammensetzung kann das Spiel noch durch zusätzliche Figuren erweitert werden, die entweder in die gleiche oder in die Gegenrichtung wandern und sich dann auch „begegnen".

Beispiele für zusätzliche Figuren sind:
Wildschwein: Die Oberlippe wird hochgezogen und es wird ein kurzes Grunzgeräusch gemacht
Jogger: kurze laufende Bewegung auf der Stelle mit Armschwung
Hase: kurzes Hüpfen in der Hocke, die Hände werden an den Kopf gehalten und symbolisieren die Ohren

Die Schüler können weitere Figuren selbst erfinden oder Sonderregeln einführen, wie beispielsweise: „Begegnet die Dame dem Wildschwein, kreischt diese oder reißt den Stock in die Höhe."

2.8 Sozialwirksame Stunden

„ Wer Kinder zu kompetenten, starken und selbstbewussten Persönlichkeiten erziehen will, muss in Beziehungen denken und in Beziehungsfähigkeit investieren. Das ist das Geheimnis einer Schulkultur, bei der niemand als Verlierer zurückgelassen wird. "

Gerald Hüther

Aus Brennpunktschulen hört man es immer häufiger: Trotz des hohen Lehrplandrucks gibt es immer mehr Schulen, die sich dazu entschließen, Stunden zum emotional-sozialen Lernen als ausgewiesene Pflichtstunden in den Stundenplan miteinzubinden, um Unterrichtsstörungen und Konflikten im Vorfeld entgegenzuwirken. Es empfiehlt sich, dass die Schulleitung diese Stunden verbindlich für jede Klasse vorschreibt. In der Regel zahlt sich die dafür investierte Zeit bereits nach wenigen Wochen aus: Das Klassen- und Schulklima verbessert sich zunehmend und nach Pausen sowie während des Unterrichts sind weniger Konflikte zu klären. Die Unterrichtszeit kann deshalb für die eigentlichen Unterrichtsinhalte effektiver genutzt werden. Zudem sind Inhalte des emotional-sozialen Bereichs (wie beispielsweise sämtliche Schlüsselqualifikationen) zunehmend wichtige Grundvoraussetzungen, die auch auf dem aktuellen Arbeitsmarkt umfassend gefordert werden.

In den folgenden Kapiteln werden mögliche Inhalte dieser Stunden zum emotional-sozialen Lernen vorgestellt. Je nach Klassenzusammensetzung muss jedoch überlegt werden, wie die Inhalte an die jeweilige Situation angepasst werden können und wie viele Wochen daran gearbeitet werden soll.

2.8.1 Sozialtrainings

Möchte man mit einer Klasse ein Sozialtraining durchführen, hat man entweder die Möglichkeit, dies von externen Fachkräften (z. B. Deutscher Kinderschutzbund mit dem Programm: „Komm, wir finden eine Lösung!") durchführen zu lassen, oder aber es selbst, ggf. auch mit Unterstützung durch die Schulsozialarbeit, zu tun. Hierfür steht eine Fülle an veröffentlichten Trainings zur Verfügung. Meist handelt es sich um Präventionsprogramme, die durchgeführt werden sollten, bevor problematisches Verhalten in der Klasse auftritt oder sich stabilisiert. Eine gute Übersicht evaluierter Programme gibt die Grüne Liste Prävention (online verfügbar) des Landespräventionsrats Niedersachsen. Allerdings ist es schwierig, ein Training zu finden, das exakt auf die Bedürfnisse einer Klasse abgestimmt ist. Manchmal kann es daher sinnvoller sein, einzelne Unterrichtseinheiten selbst bzw. aus verschiedenen Programmen zusammenzustellen.

Der Aufbau von Sozialtrainings ist meist sehr ähnlich und setzt sich in der Regel aus den im Folgenden vorgestellten Komponenten zusammen. Wir haben Ideen gesammelt, die für die Umsetzung der einzelnen Themen in Frage kommen könnten.

Emotionale Kompetenzförderung

Was möchte ich erreichen?	So kann ich es erreichen!
Förderung der Selbstwahrnehmung	*Sich selbst erkennen und akzeptieren* Erkennen und Akzeptieren eigener Stärken und Schwächen, Interessen und Abneigungen, Eigenheiten und des Aussehens Impulse zur Umsetzung: ▸ Thema Hobbys ▸ Kinder als Experten einsetzen für Bereiche, die sie gut können (Expertenpass erstellen) ▸ Selbstportraits und Steckbriefe ▸ Stärkenposter ▸ Reflexionen (vgl. Kapitel 2.5)
Fremdwahrnehmung	*Wahrnehmung der anderen, Akzeptieren von Unterschieden* Impulse zur Umsetzung: ▸ Klassensteckbriefe: Welche Nationen sind vertreten, welche Experten haben wir/wer kann wo helfen, welche Hobbys hat unsere ganze Klasse? ▸ Spezielle Tage, an denen jedes Kind ganz besonders auf seinen Sitznachbarn (o. Ä.) achtet ▸ Reflexionen (vgl. Kapitel 2.5)
Basisemotionen (Freude, Trauer, Angst, Wut)	*Emotionen erkennen und verstehen* Erkennen, Verstehen und Ausdruck der Primärgefühle (Mimik, Gestik, Körperhaltung); Verknüpfung der Gefühle mit sozialen Situationen: gute – schlechte Gefühle → ausdifferenzierte Wahrnehmung: gut ist nicht gleich gut und schlecht ist nicht gleich schlecht Impulse zur Umsetzung: ▸ Fotos von Schülern mit verschiedenen Emotionen machen ▸ Sortieren von Kärtchen mit Gefühlen in Kategorien „gut", „schlecht", „uneindeutig"

- Dose mit Kärtchen, auf denen verschiedene soziale Situationen beschrieben sind: Es wird jeweils ein Kärtchen gelost, überlegt, wie sich das entsprechende Kind fühlt, und dieses Gefühl nachgespielt (KV 30).
- Ein Tagesablauf eines Kindes wird vorgelesen (KV 31). Zwischendurch wird gestoppt und überlegt, wie sich das Kind gerade fühlt: Zunächst kann in „gut" und „schlecht" unterschieden werden, später sollten die Gefühle ausdifferenziert und exakt benannt werden. Bei jedem Stopp wird eine Muschel o. Ä. entweder in eine Dose für „gute Gefühle" oder in eine für „schlechte" gelegt.

Emotionsregulation

Regulationsstrategien
Regulationsstrategien und Handlungsalternativen anbieten, angemessenes Verhalten in belastenden Situationen trainieren
Impulse zur Umsetzung:
- Hilfreiche und unangemessene Strategien unterscheiden, Erfahrungen und Ideen der Kinder sammeln und besprechen „was mir hilft"; Unterscheidung aktiver Strategien: „Was ich selber machen kann" oder Strategien, sich Hilfe von anderen zu holen; überlegen, welche Strategie wann geeignet ist
- Wut-Tipps: Auf einem Plan/Poster werden Tipps gesammelt, was man tun kann, wenn man wütend ist, ohne jemanden zu verletzen.
- Wer/was tröstet mich, wenn ich traurig bin (in der Schule, zu Hause)?
- Sorgenpüppchen basteln
- Talisman basteln für Situationen, in denen man Angst hat
- Freude teilen: Weshalb es schöner ist, sich zusammen zu freuen

Kärtchen: Soziale Situationen

Timur hat Geburtstag. Seine fünf besten Freunde sind zum Feiern gekommen. fröhlich	Linus würde gerne mit Maik und Simon spielen. Die beiden wollen aber alleine sein und schicken ihn weg. traurig	Samira wurde von Jacob beleidigt. Im Vorbeigehen schubst er sie auch noch. wütend
Maria hat heute endlich die Erlaubnis bekommen, sich neben ihre Freundin Tanja zu setzen. fröhlich	Im Sportunterricht wird Eva von ihren Mitschülern ausgelacht, weil sie beim Wettlauf so langsam ist. traurig / beschämt	Benjamin hat im Werkunterricht einen Drachen gebastelt, auf den er sehr stolz ist. Jan läuft an ihm vorbei und schlägt grundlos mit der Faust auf das dünne Papier. wütend
Lea geht nach Hause. Sie hat heute einen sehr schlechten Test	Denise hilft gerne anderen Kindern. Heute hat sie ihre Schere	Laura findet Mathe schwierig. Trotzdem hat sie heute bei ihrer …

Emotionen eines Tages

Anmerkung: Für jüngere Kinder kann die Geschichte etwas gekürzt werden. Hierfür einfach die grau hinterlegten Absätze auslassen.

Simons Tag

„Wach auf, der Wecker hat schon lang geklingelt!", ruft Simons Mutter. „Jeden Tag das Gleiche mit dir!" Simon öffnet die Augen und quält sich aus dem Bett.

Auf dem Weg zum Kleiderschrank stolpert Simon über seinen Sportrucksack, der mitten im Weg liegt.

Er schimpft und stapft in die Küche. Dort duftet es nach Frühstück. Sein Vater sitzt schon am Tisch und strahlt ihn an.

Er fragt: „Na, gut geschlafen? Dann freu' dich auf später! Oma kommt und außerdem wollen wir doch heute Nachmittag die Radtour durch den Park machen."

Auf dem Weg zur Schule begegnet ihm die freche Clara. „Simon-Gibbon! Simooon-Gibooon! Komm doch rüber, wenn du dich traust, du Affengesicht!", ruft sie quer über die Straße.

Simon ärgert sich. Er wartet, bis Clara weitergegangen ist, und hält immer gut Abstand zu ihr. Keinesfalls will er nochmals in ihre Nähe kommen. Blöderweise kommt er nun aber zu spät zur Schule. Seine Lehrerin steht schon vor der Klasse und begrüßt ihn: „Wo kommst du denn so spät her? Hast du schon wieder verschlafen?"

Später im Pausenhof lächelt ihn ein Mädchen aus der Parallelklasse freundlich an.

„Die ist aber nett!", denkt Simon. In der Stunde nach der Pause haben sie Werken. Simon freut sich schon die ganze Woche darauf, endlich seine Ton-Schildkröte fertig zu töpfern. „Schön geworden!", staunt der Werklehrer, als Simon ihm die Schildkröte zeigt.

Nach der Schule zu Hause angekommen, wird Simon von seiner Oma empfangen. Endlich ist sie einmal wieder zu Besuch gekommen …

… aber in dem Moment, als er seine Oma umarmen will, stolpert er über den Putzeimer, der noch im Flur steht. „Kannst du nicht deine Augen aufmachen?"

Soziale Kompetenzförderung: Zusammenleben in der Gemeinschaft

Was möchte ich erreichen? | *So kann ich es erreichen!*

Zuhören

Bedeutung von Zuhören bewusst machen
Merkmale eines guten Zuhörers (Mimik, Gestik) erkennen, aktives Zuhören üben
Impulse zur Umsetzung:
- Übungen während Gesprächskreisen, Partnerarbeiten etc.
- „gutes Zuhören" als Wochenziel
- „Zuhörmeister-Urkunde" für Kinder, die sehr gut zuhören (KV 32)

Körpersprache

Körpersprache verstehen lernen
Gestik, Mimik, Körperhaltung in verschiedenen sozialen Situationen deuten
Impulse zur Umsetzung:
- Masken aufsetzen, um Mimik auszublenden
- Stimmungsbarometer mit Fotos der Kinder basteln
- Freeze-Spiele mit Emotionen
- Fotos von Kindern mit verschiedenen Emotionen: Zuordnen/sammeln verschiedener sozialer Situationen, die das Gefühl ausgelöst haben könnten

Was möchte ich erreichen? | *So kann ich es erreichen!*

Familie

Über Familie nachdenken
Familien können ganz unterschiedlich sein; jeder hat Aufgaben in der Familie
Impulse zur Umsetzung:
- Wer gehört zu meiner Familie, wer hat welche Aufgaben (z. B. wer tröstet mich, wer hilft mir, wenn ich Angst habe etc.)?
- „Meine Wunschfamilie, wenn ich groß bin"

 In Klassen mit schwerwiegenden familiären Problemen (Heimeinweisung, Kinder mit nur einem Elternteil, die darunter leiden) sollte dieses Thema nicht/sehr behutsam behandelt werden, da sich hier unvorhersehbare Tiefen auftun können!

Kontaktaufnahme/ Freundschaft

Gute Freunde – schlechte Freunde
Was macht gute Freunde aus? (Eigenschaften, Tätigkeiten)
Impulse zur Umsetzung:
- Geheimer Freund: Jedes Kind zieht im Geheimen einen Namen eines Mitschülers und ist für einen Tag sein Freund (d. h. er hilft ihm, redet und spielt mit ihm etc.), ohne dass die Kinder wissen, wer wen gezogen hat. Je nach Klassensituation kann am Ende des Tages geraten werden, wer wessen Freund war.

Rollenfindung

Ich und die Anderen
Träume und Wünsche ↔ Realität
Impulse zur Umsetzung:
- Fantasieren: „Wenn ich ein König wäre ..."/„Wenn ich groß bin ..."
- „Was ich mir wünsche"

Ausgrenzung/Mobbing

Ursachen von Ausgrenzung und Mobbing
Über Zivilcourage sprechen, Handlungsmöglichkeiten für Unbeteiligte aufzeigen
Impulse zur Umsetzung:
- Unterschied zwischen Petzen und Hilfe holen/Hilfe erbitten verdeutlichen
- Wen kann ich als Helfer in verschiedenen Situationen miteinbeziehen?

Eigene Meinung	***Rollenfindung und selbstbestimmtes/-bewusstes Auftreten*** Jeder hat das Recht auf eine eigene Meinung. Verschiedene Meinungen sind erlaubt und gut! Impulse zur Umsetzung: ▸ Meinungen finden, vertreten und dazu stehen ▸ Meinungen begründen: „Ich finde es …, weil …" ▸ Akzeptieren anderer Meinungen üben, z. B. durch Rollenspiele mit Perspektivenwechsel ▸ „Meinungsbarometer": Zu verschiedenen Aussagen verschiedene Meinungen zeigen. Kinder sollen sich je nach Meinung einer Position auf einer Linie oder im Raum zuordnen; hier auch Abfragen in Einzelarbeit (z. B. schriftlich), um Einflüsse wie Gruppendruck zu vermeiden ▸ Ich ändere meine Meinung Förderlich sind auch Methoden wie der Klassenrat (vgl. Kapitel 2.8.3) oder Reflexionen (vgl. Kapitel 2.5)
Nein sagen	***Nein im richtigen Moment*** Verschiedene Arten Nein zu sagen und ihre Wirkung Impulse zur Umsetzung: ▸ Wann ist „Nein" sagen gut und wichtig? ▸ Übungen, um „Nein" laut, deutlich und bestimmt zu sagen
Konfliktfähigkeit	***Ursachen von Konflikten erkennen*** Zum Streit gehören zwei; wie streite ich richtig? Verletzender Streit ↔ lösungsorientierter Streit (Handlungsalternativen) Impulse zur Umsetzung: ▸ Schimpfwörter-ABC ▸ Streit nachspielen (Fingerpuppen, Handpuppen): Schüler als Coach ▸ Rollenspiel mit Wechsel der Seiten, um die Perspektivenübernahme zu fördern

Für die Umsetzung der verschiedenen Themen im Unterricht, können zudem die in Kapitel 2.8.2 vorgestellten Bilderbücher verwendet werden.

2.8.2 Der Einsatz von Bilderbüchern

Eine sehr effektive und motivierende Methode, Inhalte zum emotional-sozialen Lernen in der Schule zu thematisieren, ist der Einsatz von Bilderbüchern. Fast alle Schwerpunkte dieses Bereichs werden inzwischen von Büchern abgedeckt: Themen wie Gefühle und der Umgang damit, Konflikte, Gewalt, Mobbing oder Rollenfindung sind ebenso auf dem Markt erhältlich wie speziellere Inhalte wie beispielsweise Trennung der Eltern und Toleranz.

Der Einsatz von Bilderbüchern motiviert die Schüler durch die kindgerechte Aufbereitung und bietet Identifikationsfiguren. Handelt es sich dabei um Tiere oder Fantasiefiguren, fällt es den Kindern erfahrungsgemäß leichter, über schwierige, peinliche oder tragische Themen zu sprechen. Im Anschluss können dann die Erlebnisse des Protagonisten auf das eigene Leben übertragen werden.

Vorlesen als Erlebnis gestalten
Die Kinder genießen diese Stunden doppelt, wenn beim Vorlesen für einen gemütlichen Rahmen gesorgt wird: Sei es auf Matten am Boden oder vielleicht sogar mit Kissen in einer großen Leseecke. Inzwischen gibt es von vielen Büchern auch eine „Riesenbilderbuch"-Ausgabe in großem Format, die oft von Bibliotheken entliehen werden kann. So können die Kinder problemlos die Bilder sehen. Auch als „Kinovorstellung" mit Beamer oder Dokumentenkamera ist das Kennenlernen eines neuen Buches ein tolles Erlebnis.

Häufig besitzen Kinder auch selbst Bücher, die zu den entsprechenden Themen passen, und sind stolz, wenn sie diese mitbringen dürfen. Ob und wie im Anschluss damit gearbeitet wird, muss situations- und themenabhängig entschieden werden. Manche Inhalte erfordern eine vertiefte Aufarbeitung mit praktischer Auseinandersetzung, manchmal ist es aber auch sinnvoll, das Buch einfach nur mit den Kindern zu lesen.

Bilderbücher eignen sich nicht nur für Kinder der ersten Klasse! Ältere Schüler genießen das Vorlesen in der Regel genauso, auch wenn sie es mit zunehmendem Alter vielleicht nicht mehr verbalisieren werden. Mit älteren Kindern kann man daher Bücher für jüngere Klassen aufbereiten: Ob die „Kleinen" zu einer Vorlesestunde eingeladen werden, eine selbst gestaltete Ausstellung zum Thema ansehen oder das Buch als Theaterstück sehen dürfen, muss je nach Situation entschieden werden. Sicher ist, dass beide Klassen von solchen sozialwirksamen Projekten sehr profitieren.

Im Folgenden werden ausgewählte Bücher und Ideen zur Umsetzung vorgestellt, deren Einsatz sich in der Praxis bewährt hat:

| **Buch: Heute bin ich** | *Mies van Hout, aracari Verlag* |

Thema: Gefühle
Inhalt: Der kleine Fisch zeigt auf jeder Buchseite ein anderes Gefühl. Durch Mimik, Größe, Farben und Art der Zeichnung wird das jeweilige Gefühl sehr gut dargestellt.
Diskussionsanregungen und Ideen zum fächerübergreifenden/differenzierten Unterricht: ▸ Wie fühlt sich der Fisch? ▸ Woran erkennst du das? ▸ Was vermutest du, weshalb sich der Fisch so fühlt? ▸ Hast du dich auch schon einmal so gefühlt? Weshalb? ▸ Wie schaust du aus, wenn du dich … fühlst? – Nachspielen
Fächerübergreifend: ▸ Deutsch: Adjektive, Personenbeschreibung
Anregungen zur kreativen Umsetzung: ▸ Fisch/anderes Tier mit Wachsmalkreiden (Kratztechnik) oder Holzbeize/Tinte malen ▸ Basteln eines Stimmungsbarometers für die Klasse mit den Fischen ▸ Fotos von Kindern mit entsprechendem Gefühlsausdruck danebenhängen

| **Buch: Robbi regt sich auf** | *Mireille d'Allancé, Moritz Verlag* |

Thema: Wut
Inhalt: Robbi hat einen blöden Tag hinter sich und regt sich beim Essen so sehr auf, dass er in sein Zimmer geschickt wird. Dort wächst die Wut und wandelt sich zu einem Wutmonster, das in seinem Zimmer wütet. Schließlich gelingt es Robbi, das Wutmonster einzufangen, sodass er beruhigt zum Essen zurückkehren kann.
Diskussionsanregungen und Ideen zum fächerübergreifenden/differenzierten Unterricht: ▸ Was denkt sich Robbi, als er allein in seinem Zimmer steht? ▸ Was richtet das Wutmonster an? ▸ Wieso ist es nicht Robbi, der sein Zimmer verwüstet? ▸ Wie gelingt es ihm, dass das Wutmonster verschwindet?

Fächerübergreifend:
- Deutsch: Adjektive steigern

Anregungen zur kreativen Umsetzung:
- Collage mit Dingen, die durch die Luft wirbeln – aus Illustrierten ausgeschnitten
- Wut malerisch umsetzen, Gefühle haben Farben

Buch: Rosi in der Geisterbahn
Philip Waechter, Beltz Verlag

Thema: Angst

Inhalt: Der (Angst-)Hase Rosi hat Albträume. Rosi geht zum Traumspezialisten, um sich helfen zu lassen. Dieser diagnostiziert eine „Monsterangst" und verschreibt ihr ein Buch mit Übungen. Nachdem Rosi eifrig trainiert hat, will sie ihre neu gelernten Fähigkeiten in der Realität erproben und besucht auf einem Jahrmarkt die Geisterbahn. Die schrecklichen Monster dort setzt sie mit geschickten Handgriffen und Tricks außer Gefecht. Zufrieden macht sich Rosi auf den Heimweg, belohnt sich selbst und träumt in der Nacht wunderbar.

Diskussionsanregungen und Ideen zum fächerübergreifenden/differenzierten Unterricht:
- Wie hat Rosi ihre Angst bekämpft?
- Was/wer hat ihr geholfen?
- Wovor kann man Angst bekommen?
- Was kann man gegen Ängste tun?

Fächerübergreifend:
- Deutsch: Erlebniserzählung zu eigenen Ängsten

Anregungen zur kreativen Umsetzung:
- Monster gestalten aus Pappmaché (Luftballons mit Zeitungen bekleben und gestalten, bunt bemalen)
- „Angst-Trickkiste" basteln und mit Bildern, Texten oder Gegenständen füllen, die gegen Angst helfen. (Ebenso kann es eine „Wut-Trickkiste", „Trauer-Trickkiste" etc. geben.)

Buch: Irgendwie Anders
Kathryn Cave, Chris Riddell, Oetinger Verlag

Thema: Anders sein

Inhalt: Irgendwie Anders war nicht wie alle anderen, er war anders. So sehr er sich auch bemühte, gelang es ihm nicht, zu sein wie sie. Deswegen lebte er alleine auf einem hohen Berg, ohne Freund. Eines Tages klopfte ein seltsames Etwas an seine Tür. Es sah ganz anders aus als er selbst, daher schickte er es wieder weg. Doch im letzten Augenblick holte er das seltsame Etwas zurück und verblüfft stellten die beiden fest, dass sie zwar verschieden waren, aber trotzdem Freunde sein konnten.

Diskussionsanregungen und Ideen zum fächerübergreifenden/differenzierten Unterricht:
- Wie bin ich? Was gehört zu mir? Wie sehe ich aus? Was mag ich gerne?
- Was mögen andere?
- Gemeinsamkeiten und Unterschiede erkennen
- Jeder hat das Recht, anders zu sein.
- Ich bin einzigartig.

Fächerübergreifend:
- Deutsch, Ethik, Kunst

Anregungen zur kreativen Umsetzung:
- Wer bin ich? Betrachtung im Spiegel
- Das bin ich! Selbstbildnis und Collage zu Dingen, die man gerne macht, gestalten

Buch: Der kleine Mondrabe
Marcus Pfister, Minedition Verlag

Thema: Mobbing, anders sein, Lügen

Inhalt: Der kleine Rabe wird von den anderen Raben gehänselt. Sein großer Wunsch ist aber, dazuzugehören und mit den anderen zu spielen. Als er darum bittet, wird ein übler Scherz mit ihm gespielt: Ein Rabe verlangt, dass er vorher zum Mond und zurück fliegen müsse und lügt, er habe dies selbst schon oft getan. Der kleine Mondrabe gibt alles, geht bis an seine Grenzen und überlebt nur knapp. Als die anderen Raben merken, wie ernst die Lage ist, bekommen sie ein schlechtes Gewissen, bereuen ihr Verhalten und lassen ihn mitspielen. Außerdem hat der kleine Mondrabe seit diesem Erlebnis eine kleine silberne Feder im Gefieder – ob er doch bis zum silbern glitzernden Mond gekommen ist?

Diskussionsanregungen und Ideen zum fächerübergreifenden/differenzierten Unterricht:
- ▸ Weshalb wird der kleine Rabe geärgert?
- ▸ Hast du auch schon erlebt, dass Kinder, die irgendwie anders sind, geärgert werden?
- ▸ Was wird vom kleinen Raben verlangt und warum?
- ▸ Was tut der kleine Rabe?
- ▸ Was hätte er stattdessen tun können? Was hätten die anderen Raben tun sollen?
- ▸ Wer hätte ihm helfen können?
- ▸ Weshalb lassen ihn die anderen Raben am Schluss mitspielen?

Fächerübergreifend:
- ▸ Deutsch: Personenbeschreibung, Fantasieerzählung „Auf dem Weg zum Mond"
- ▸ Sachunterricht: Vögel

Anregungen zur kreativen Umsetzung:
- ▸ Mondrabenbilder mit Spiegelfolie gestalten

Buch: mutig, mutig
Lorenz Pauli und Kathrin Schärer, Atlantis Verlag

Thema: Mut

Inhalt: Maus, Schnecke, Frosch und Spatz langweilen sich und kommen auf die Idee, einen Wettbewerb zu veranstalten, wer am mutigsten von ihnen sei. Die Tiere denken sich selbst mutige Aktionen aus, die für die anderen gar nicht so mutig sind. Als der Spatz an der Reihe ist, nimmt er allen Mut zusammen und erklärt, dass er nicht mitmacht. Nach erster Ratlosigkeit begreifen die anderen Tiere, dass dies wahrer Mut ist.

Diskussionsanregungen und Ideen zum fächerübergreifenden/differenzierten Unterricht:
- ▸ Was ist eigentlich mutig?
- ▸ In welchen Situationen muss man mutig sein?
- ▸ Warum entscheiden die Tiere, dass der Spatz der Mutigste ist?
- ▸ Was traue ich mich und was nicht?

Fächerübergreifend:
- ▸ Religion/Ethik: Vorbilder kennenlernen, Mut, anders zu sein
- ▸ Sachunterricht: Statussymbole, Werteverständnis

Anregungen zur kreativen Umsetzung:
- ▸ Geschichte mit verschiedenen Fingerpuppen nachspielen

Buch: Achtung! Bissiges Wort!
Edith Schreiber-Wicke, Carola Holland, Thienemann Verlag

Thema: Konflikte

Inhalt: Laura und Leo sind gute Freunde. Laura hat schlechte Laune und deshalb rutscht ihr beim Spielen das Wort heraus, das viel Ärger und Verletzung bereitet. Dieses Wort ist bissig und wird ein immer größeres „Wortblasengespenst", das überall auftaucht. Schließlich gelingt es den beiden, das verletzende Wort wieder aus der Welt zu schaffen.

Diskussionsanregungen und Ideen zum fächerübergreifenden/differenzierten Unterricht:
- Können denn einfache Worte wirklich so viel bewirken?
- Welche Wörter/Aussagen können verletzen?
- Wie kann man schlechte Laune ausdrücken, ohne andere zu verletzen?
- Wie gelingt es, dass sich die beiden wieder verstehen?

Fächerübergreifend:
- Deutsch: Mündlicher Sprachgebrauch – Gefühle beschreiben lernen

Anregungen zur kreativen Umsetzung:
- Spiel mit Luftballons, die beschriftet werden mit ärgerlichen Worten; versch. Spiele mit diesen Ballons – am Schluss platzen lassen

Buch: So war das! Nein, so! Nein, so!
Kathrin Schärer, Atlantis Verlag

Thema: Konflikte

Inhalt: Dachs und Bär bauen einen Steinturm. Fuchs will dabei helfen und stößt den Turm aus Versehen um. Darüber geraten die drei Tiere in einen handgreiflichen Streit. Alle drei berichten das Geschehen aus ihrer Sicht. Erst ein Eichhörnchen, das den Streit beobachtet hat, erklärt, was vorgefallen war, und wird daraufhin von den anderen Tieren beschimpft. Am Ende spielen aber doch wieder alle miteinander.

Diskussionsanregungen und Ideen zum fächerübergreifenden/differenzierten Unterricht:
- Wer hat recht bei diesem Streit?
- Gibt es eine richtige Beschreibung (Wahrheit)?
- Kennst du solche Konflikte?
- Streiten gehört dazu und man kann wieder zum Miteinander finden.

Fächerübergreifend:
- Deutsch: Geschichten aus verschiedenen Perspektiven erzählen
- Soziales Lernen: Zuhören, andere Meinungen stehen lassen können, streiten und versöhnen gehören zu Freundschaften

Anregungen zur kreativen Umsetzung:
- LandArt: Steinturm bauen aus verschieden geformten Steinen

Buch: Du hast angefangen! Nein du!
David McKee, Fischer Sauerländer Verlag

Thema: Konflikte

Inhalt: Auf der einen Seite eines Berges wohnt ein kleiner blauer Kerl, auf der anderen Seite ein kleiner roter. Gesehen haben sie sich noch nie, aber sie sprechen ab und zu durch ein Loch im Berg miteinander. Eines Tages entsteht ein Streit darum, ob der Tag geht oder die Nacht kommt. Es eskaliert so weit, dass sich die beiden beschimpfen und immer größer werdende Felsbrocken über den Berg werfen, bis dieser völlig zerstört ist. Erst dann können sie die Perspektive des jeweils anderen einnehmen und stellen fest, dass sie beide recht hatten.

Diskussionsanregungen und Ideen zum fächerübergreifenden/differenzierten Unterricht:
- Was ist der Auslöser des Streits?
- Wie streiten die beiden Kerle?
- Wie endet die Geschichte?
- Wer hatte recht?
- Hast du auch schon einmal einen Streit miterlebt, bei dem beide recht hatten?
- Was hätten die beiden Kerle besser tun sollen?
- Wieso kann es manchmal helfen, den Blickwinkel zu verändern?

Fächerübergreifend:
- Deutsch: kreative Schimpfwörter (Substantive oder Adjektive + Substantive – Wortarten)
- Schimpfwörter-ABC

Anregungen zur kreativen Umsetzung:
- Nachspielen mit Fingermonstern
- Perspektivenwechsel spielerisch üben
- Schimpfwörterbuch
- kleine Kerle basteln

Buch: nur wir alle

Lorenz Pauli und Kathrin Schärer, Atlantis Verlag

Thema: Gemeinschaft/Team

Inhalt: Eine Maus und ein Hirsch machen Geschicklichkeitsübungen an einem Fluss. Ein Fisch will sich ihnen anschließen und die drei nehmen sich vor, den Bach entlangzugehen. Ein Erdmännchen schließt sich an. Gemeinsam versuchen sie, verschiedene Gefahren zu bewältigen, und lernen sich dabei in ihrer Verschiedenheit zu schätzen. Auch Vorurteile und Ängste gegenüber einem Bären werden aufgelöst, sodass am Ende eine vertraute und dankbare Gemeinschaft entstanden ist.

Diskussionsanregungen und Ideen zum fächerübergreifenden/differenzierten Unterricht:
- Welche Begabungen hat jedes Tier und wie kann es diese einbringen?
- Manches finden die Tiere aneinander merkwürdig. Wo fällt dir das in der Geschichte auf?
- Was findest du in der Geschichte besonders schön?

Fächerübergreifend:
- Sport: Teamspiele
- Sachunterricht: Tiere im Wald
- Ethik: verschiedene Kulturen

Anregungen zur kreativen Umsetzung:
- Großes Geweih malen und etwas daraus gestalten
- Staffel mit Wassertransport über eine bestimmte Strecke mit Hindernissen

Buch: Freunde
Mies van Hout, aracari Verlag

Thema: Freunde

Inhalt: Auf jeder Seite sind zwei liebenswürdige Monster zu sehen. Durch Mimik, Gestik, Farben und Art der Zeichnung wird jeweils dargestellt, was Freunde alles miteinander machen – spielen, Spaß haben, sich ärgern und vieles mehr. Dabei können auch die jeweiligen Emotionen genauer betrachtet werden.

Diskussionsanregungen und Ideen zum fächerübergreifenden/differenzierten Unterricht:
- Wie geht es den Monstern bei der jeweiligen Tätigkeit mit dem Freund?
- Was hast du davon schon einmal selber mit deinem Freund erlebt?
- Wie ging es dir dabei?
- Was macht dir am meisten Spaß zusammen mit deinem Freund? → Nachspielen, andere Kinder raten
- Was findest du wichtig bei Freunden? Jeder findet etwas anderes wichtig.
- Was kann man noch alles mit einem Freund machen?

Fächerübergreifend:
- Deutsch: Verben, Wortfeld „Freund"; Erlebniserzählung „Was ich mit meinem Freund erlebt habe"

Anregungen zur kreativen Umsetzung:
- Monster/anderes Tier mit Wachsmalkreiden (Kratztechnik) oder Holzbeize/Tinte gestalten
- Basteln eines Würfels aus Papier/Beschriften eines Würfels aus Holz für die Klasse/für jedes Kind mit ausgesuchten Tätigkeiten

Buch: Fips versteht die Welt nicht mehr
Jeanette Randerath, Thienemann Verlag

Thema: Trennung/Scheidung

Inhalt: Der Dackelterrier Fips ist unglücklich, weil er sich zwischen seiner Mama (Dackel) und seinem Papa (Terrier) hin- und hergerissen fühlt. Seine Eltern haben sich getrennt und er mag beide. Der alte Hund Bruno versteht ihn und erzählt seine eigene Lebensgeschichte. Fips erkennt, dass er ein besonderes Hundekind ist und von beiden Elternteilen seine Prägungen bekommen hat.

Diskussionsanregungen und Ideen zum fächerübergreifenden/differenzierten Unterricht:
- ▶ Kannst du verstehen, wie sich Fips fühlt?
- ▶ Weshalb hilft es ihm, dass Bruno seine Geschichte erzählt?
- ▶ Was ist besonders an Fips?

Fächerübergreifend:
- ▶ Sachunterricht: Hund
- ▶ Religion/Ethik: Ich-Buch

Anregungen zur kreativen Umsetzung:
- ▶ Tiere gestalten, die sich aus zwei verschiedenen Tieren zusammensetzen

2.8.3 Der Klassenrat

Eine bewährte Möglichkeit, das soziale Verhalten in der Klasse zu unterstützen, ist der Klassenrat. Hier können Wünsche, kleinere Konflikte, Probleme und Anliegen der Schüler gemeinsam besprochen werden. Gleichzeitig werden dabei soziale Kompetenzen aktiv erworben. Die Methode des Klassenrats ist gekennzeichnet von einem demokratischen Vorgehen, bei dem die Schüler Verantwortungsübernahme und Selbstwirksamkeit trainieren und erproben können. Selbst scheinbar unwichtige Themen, wie zum Beispiel von welcher Höhe man im Schwimmbad springen darf, können in den Klassenrat eingebracht werden, wenn dies den Schülern wichtig erscheint. Die Mehrheit der Klasse entscheidet darüber, welche Themen verhandelt werden. Es gibt viele Varianten des Klassenrats, die an die jeweiligen Bedürfnisse einer Klasse angepasst werden können und sollen.

Folgende Gesichtspunkte sind wesentlich, um einen guten Einstieg zu finden (viele hilfreiche Hinweise und Materialien finden Sie u. a. auch auf der Webseite der Initiative *Der Klassenrat*):

Organisatorisches

Vorbereitung:
- ✔ Der Klassenrat findet regelmäßig in einer Schulstunde pro Woche statt.
- ✔ Im Klassenzimmer wird ein Stuhlkreis oder auch ein Kreis mit Tischen gestellt.
- ✔ Materialien für den Klassenrat werden bereit gehalten.

Klassen: Einfachere Formen können ab der 1. Klasse eingeführt werden. Ab der 3. Klasse kann der Klassenrat bis in die Mittelschulstufe eingesetzt werden.

Ämter für die Schüler: Die Vergabe fester Ämter mit klaren Rechten, Anforderungen und Pflichten trägt entscheidend zum Gelingen des Klassenrats bei (KV 33, KV 34).

Lehrer: Bei jedem Klassenrat sind die Klassenlehrer anwesend. Geleitet wird dieser ab der 3. Klasse aber von den Schülern. Nach einer Einführungszeit sind die Lehrer Teilnehmer des Klassenrats. Selbstverständlich behalten sie ein Vetorecht, wenn dies nötig sein sollte.

Struktur: Es gibt einen klar strukturierten Ablauf, der für Diskussionen und Entscheidungsprozesse das Gerüst bildet. Dies erleichtert den Schülern, sich auf die Inhalte der gemeinsamen Diskussionen zu konzentrieren.

Ablauf

Im Vorfeld
Themenvorschläge und Anliegen für den Klassenrat werden schriftlich gesammelt: Es können beispielsweise Zettel in eine Klassenratsbox geworfen werden, Themen auf ein Plakat in der Klasse notiert oder an eine Tafel gepinnt oder auch nach verschiedenen Kategorien sortiert auf Themenblätter geschrieben werden.

1. Begrüßung
- Der Vorsitzende/die Leitung sorgt für Ruhe und Aufmerksamkeit, eröffnet den Klassenrat und stellt die verschiedenen Schüler mit ihren Ämtern vor.

2. Der Protokollfürer liest das letzte Protokoll vor
- Die noch offen gebliebenen Themen werden in die neue Sitzung aufgenommen.
- Der Vorsitzende/die Leitung fragt nach, ob die vereinbarten Ergebnisse umgesetzt wurden.

Sozialwirksame Stunden

3. Themen für den Klassenrat werden festgelegt
- Alle Themenvorschläge werden vorgelesen. Anschließend wird über die genannten Themen abgestimmt. Das Thema mit den meisten Stimmen wird zuerst verhandelt. Gegebenenfalls werden Themen gestrichen, die nicht mehr aktuell sind.

4. Themen werden besprochen und Ergebnisse festgehalten
- Das Anliegen wird von dem Themengeber genauer erklärt.
- Die Klasse diskutiert darüber und versucht eine Lösung zu finden.
- Bei mehreren Lösungsvorschlägen kann die Klasse abstimmen.
- Der Lehrer schaltet sich bei unpassenden Lösungsvorschlägen ein, hält sich ansonsten aber zurück.
- Falls ein Vorschlag angenommen wird, überlegt die Klasse, wie er umzusetzen ist.
- Falls notwendig kann der Zeitwächter an die vereinbarten Zeiten erinnern.
- Die Regeln werden vom Regelwächter überwacht, der gegebenenfalls an die Einhaltung erinnert.

5. Abschluss des Klassenrats
- Ein paar Minuten vor dem Stundenende fordert der/die Vorsitzende den Protokollführer auf, die Ergebnisse vorzulesen (KV 35) . Der Vorsitzende/die Leitung beschließt den Klassenrat.

> Bereits vereinbarte **Klassenregeln** und **Rituale** werden im Klassenrat weitergeführt. Zum Beispiel eine Klingel drücken, um Ruhe zu erlangen.

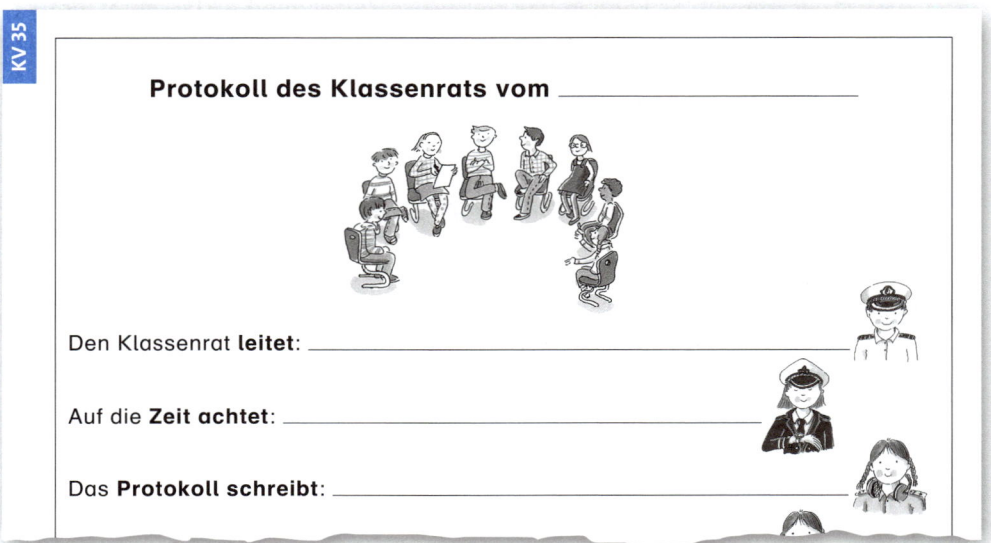

Auf **Einhaltung der Gesprächsregeln** muss geachtet werden, z. B.: „Melden und warten, bis man das Wort erhält!" Werden Regeln gebrochen, so ermahnt der Regelwächter die Mitschüler. Gegebenenfalls erfolgen nach der Ermahnung Konsequenzen oder Sanktionen, wie sie den Klassenregeln entsprechen oder im Klassenrat festgelegt wurden.

Die Rolle des Lehrers

Lehrer haben bei Abstimmungen auch jeweils nur eine Stimme, wie jedes Kind. Nur im Notfall machen sie von ihrem Vetorecht Gebrauch. Dies ist sinnvoll, wenn z. B. Dinge verhandelt werden, die außerhalb des Entscheidungsrechts der Schüler liegen (z. B. „Keine Noten mehr!" u. Ä.) oder wenn es zu chaotischen Zuständen kommt. Auch bei Unsicherheiten bzgl. des Ablaufs kann man eingreifen und die nötigen Informationen zum weiteren Vorgehen geben. Möglich ist auch, dass den Schülern angemessene Formulierungshilfen angeboten werden, indem sie z. B. „Du-Botschaften" in „Ich-Botschaften" übersetzen und Gefühle die sie bei den Kindern wahrnehmen, formulieren. Dies kann zum Beispiel auf einem Plakat visualisiert sein, das immer während der Durchführung des Klassenrats an die Tafel gehängt wird und je nach Altersstufe der Schüler Satzanfänge oder Symbole präsentiert.

Die konkrete Umsetzung des Klassenrats hängt vom Alter der Schüler und vom Stand der Klassengemeinschaft ab. Je besser sich die Schüler kennen und verstehen, umso einfacher ist es, eine Klassenratssitzung zu gestalten. Aber auch schwierigere Klassen können im Klassenrat lernen, wie man gemeinsam zu Entscheidungen kommt und Konflikte friedlich und gerecht klären kann. Hierzu wird der Klassenrat kleinschrittig, engmaschig und stark strukturiert eingeführt. Es kann z. B. damit begonnen werden, anhand eines vom Lehrer mitgebrachten Themas zu trainieren, indem zuerst die Ämterverteilung ausprobiert wird. In einer zweiten Runde liegt der Fokus auf der Gesprächskultur (aussprechen lassen, Ich – Botschaften senden etc.). Später steht die Sammlung eigener Themen der Schüler im Mittelpunkt und erst zuletzt wird der Klassenrat in seiner vollen Zielsetzung durchgeführt. Bei einer schrittweisen Einführung ist eine Reflexion jeder einzelnen Stufe sinnvoll. Hier kann der Lehrer Gelungenes und eventuelle Schwierigkeiten rückmelden und die Aufmerksamkeit auf Wesentliches lenken.

Sollte sich herausstellen, dass eine Klasse mit der Anforderungsstruktur nicht zurechtkommt, ist es die Aufgabe des Lehrers, dies wahrzunehmen und die Anforderungen durch geeignete Hilfestellung zu reduzieren. Eine Möglichkeit wäre die verstärkte Strukturierung des Ablaufs (z. B. durch Vorgabe der Ämter) oder eine „Kontrollinstanz auf Meta-Ebene", indem der Lehrer die Verhaltensweisen genau beobachtet, während der Durchführung spiegelt und so Verhaltensweisen positiv unterstützen kann.

Aus den Themen im Klassenrat können sich Punkte ergeben, die man als Ziele und Arbeitsfelder für die ganze Klasse festlegen kann.

2.8.4 Zur Ruhe kommen

Es gibt viele verschiedene Möglichkeiten, innerhalb der Klasse das Miteinander so zu gestalten, dass Kinder mit Förderbedarf im emotional-sozialen Bereich gut unterstützt werden.

Eine ganz wesentliche Hilfe können wir diesen Kindern geben, indem wir im Unterrichtsalltag Zeiten und Orte der Ruhe schaffen. Nicht nur schwierige, sondern alle Schüler und auch wir Lehrer brauchen dieses innere Aufatmen und Sich-Sammeln in Ruhezeiten. Unsere Sinne, Nerven und Gedanken können in der Ruhe regenerieren. Die Stille ist deshalb so wesentlich und kostbar.

Ruhe und Stille sind in unserer zunehmend unruhigen und überreizten Gesellschaft keine selbstverständlichen Zustände mehr. Deshalb muss man sich an ruhige Momente gewöhnen und das Stillehalten mit den Schülern einüben.

Es liegt uns Lehrern nahe, die Stille immer wieder verbal einzufordern: „Seid leise!", „Pssst!", „Es ist zu laut!" usw. Dieser Aufforderung können aber einige Schüler ohne Unterstützung nicht oder nur kurz Folge leisten.

Zuhören lernen

Ein Einstieg, um Stille wahrnehmen zu können, ist das bewusste Zuhören. Dazu sind schon einige Anregungen im Kapitel 2.8. gegeben worden.

Zuhören wird täglich eingeübt und kann von kurzen Sequenzen auf längere Zeiten ausgeweitet werden. Folgende Gelegenheiten bieten sich dazu an:

Was möchte ich erreichen?	So kann ich es erreichen!
Zuhören lernen	*Geräuschequiz, Geräuschegeschichten*
	Zahlenklopfen im Mathematikunterricht
	Hörbücher und Musikstücke anhören
	Vorlesen Zunächst mit Visualisierung durch Bilder, später ohne Klassenrat (vgl. Kapitel 2.8.3) oder andere Erzählkreise Ggf. mit Erzählstein o. Ä.

Verhalten bei schulischen Veranstaltungen

Aufführungen, Schulkonferenzen und kleine Ansprachen

Ruhiges Verhalten bei außerschulischen Veranstaltungen
Besuch eines Theaters, eines Kurses, einer Führung u. Ä.

Von der Unruhe zur Ruhe führen

Meister in diesem Bereich sind die beiden Musiker Maria Zeisler und Gottfried Jaufenthaler aus Österreich. Sie machen erlebbar, wie man mit Instrumenten oder Klanggeschichten, Kinder, die „außer sich" sind, sammeln und durch die Musik auf einen Weg zur äußeren und inneren Ruhe führen kann.

„Ruhig sitzen und Zuhören können – das sind große Herausforderungen für Kinder. Wir sollten Aktivitäten setzen, die den Weg zur Ruhe leichter machen, den Wert der Stille begreifbar werden lassen und außerdem für Lehrer und Kindern ein Genuss sein können." (Zeisler/Jaufenthaler, 2005, S. 10). Ein Weg, die Schüler Stille zu lehren, ist das Heranführen an das Leise in der Musik und den Klängen.

Gleichzeitig genügt es meist nicht, eine ruhige Musik aufzulegen. Im Gegenteil: Diese kann bei Kindern mit Aufmerksamkeitsstörungen Unsicherheit oder auch Aggression auslösen. Zum einen ist es in der Regel Musik, die ihnen fremd ist und die sie außerhalb der Schule niemals hören würden. Zum anderen finden sie in den ruhigen Klängen oftmals keine Resonanz für ihre eigenen Stimmungen. Wir fühlen uns wohl bei Musik, die unsere Empfindungen wiederspiegelt und ausdrückt. Unruhige Kinder brauchen erst einmal „unruhigere" Musik, die mit ihren seelischen Zuständen korrespondiert.

Am besten ist es, wenn sie selbst mit Instrumenten Klänge erzeugen können, die durch Geschichten angeregt werden. In Büchern von Zeisler und Jaufenthaler werden viele solcher Übungen und Musikspiele vorgestellt, z. B.:

Was möchte ich erreichen?	So kann ich es erreichen!
Zur Ruhe kommen durch Musik	*In einen „Klangurwald" gehen* Jedes Kind spielt ohne Regeln ein Percussionsinstrument (hineingehen), und kommt wieder heraus, indem die Instrumente langsam leiser werden und schließlich ganz verstummen.

Was möchte ich erreichen? | *So kann ich es erreichen!*

Als Indianer Büffelherden erwarten
In Stille abwarten, die Büffel langsam näher kommen, vorbeigaloppieren und sich entfernen hören: Zunächst vorsichtig, dann immer stärker mit den Händen auf Oberschenkel oder Tische trommeln, schließlich wieder leiser werden und danach die Stille genießen.

Von einem Dirigenten angeleitet lautere und leisere Klänge anstimmen
(vgl. Zeisler/Jaufenthaler, 2005, S. 21 ff).

Anspruchsvoller für die Schüler ist das Erlebnis von Stille mithilfe von Klanggeschichten. Hier gibt es eine Vielzahl von Veröffentlichungen. Gut ist es, bei der Auswahl darauf zu achten, dass die Kinder nicht zu schnell in die Ruhe kommen, sondern mit den Geschichten einen Weg in die Stille gedanklich nachvollziehen können. Dazu eignen sich folgende Themen:

- Einen Weg von einer viel befahrenen Straße immer tiefer in die Ruhe des Waldes zu einer Quelle zu gehen
- Vom Rummelplatz nach Hause gehen
- Die Geräusche auf einem Platz bei Tag und in die Nacht verfolgen usw.

Der Weg über die Bewegung

Eine andere Möglichkeit ist es, über körperliche Betätigung zur Entspannung zu finden. Schüler mit viel Bewegungsdrang können auf diesem Weg lernen, sich zu kontrollieren und zur Ruhe zu finden.
Aus dem Bereich der Psychomotorik sind dazu viele Übungen bekannt. Hier lernen die Kinder, sich körperlich wahrzunehmen, ihre Empfindungen auszudrücken und mit anderen in Kontakt zu treten.
Einige hilfreiche Übungen, um Kinder zur Ruhe zu führen sind beispielsweise Folgende:

Was möchte ich erreichen? | *So kann ich es erreichen!*

Zur Ruhe kommen durch Bewegung	*Folgende Ideen benötigen viel Platz:* - Rennen in verschiedenen Geschwindigkeiten: 50, 100 km/h und dann langsam herunterbremsen auf 20, 10 und schließlich 0 km/h - Sich bewegen wie kaltes Wasser, das langsam wärmer wird, schließlich kocht und dann wieder abkühlt, bis es einfriert

- Sich bewegen in der Fußgängerzone in der Vorweihnachtszeit – ohne sich anzurempeln und behutsam die anderen wahrnehmen
- Versteinern: Schüler tanzen zur Musik und versteinern, wenn diese aus ist u. Ä.

Folgende Ideen benötigen weniger Platz:
- Waschstraße (vgl. Kap. 2.7)
- Pizza belegen: In Partnerarbeit werden virtuelle Pizzas auf dem Rücken eines Partners belegt. Mit den Händen Teig geknetet, glatt gestrichen, Tomaten, Schinken darauf gelegt, Käse verteilt und zum Schluss wird die Pizza gebacken (Hände schnell und fest aneinander reiben und dann die warmen Hände auf den Rücken des Partners legen)
- Mit einem großen Pinsel werden unsichtbare Bilder auf den Rücken des Partners gemalt
- mit „Herbstlaub" zugedeckt werden (Bierdeckel oder Zeitungsseiten sanft auf den Rücken eines Schülers fallen lassen, bis dieser ganz zugedeckt ist) u. Ä.

Es hat sich in der Praxis gezeigt, dass Schüler mit emotional-sozialen Auffälligkeiten eher in der Lage sind, Geschichten handelnd umzusetzen, als Fantasiereisen zu machen, bei denen nur die Vorstellungsfähigkeit gefordert ist. Letzteres gelingt oft erst mit einigen Vorarbeiten, denn hier muss die Fähigkeit, ruhig zu werden, bereits gelernt und eingeübt sein.

Zusammengefasst sind folgende Tipps wichtig, wenn man die Schüler auf dem Weg zur Ruhe gut begleiten will:
- Zuerst das Zuhören üben: Zeiten schrittweise ausweiten
- Klare Rituale und Zeichen in der Klasse vereinbaren, die einen ruhigen Unterrichtsablauf ermöglichen
- Ruhige Ausstrahlung des Lehrers: Vorbildwirkung
- Richtige Unterstützung durch Musik, Geschichten oder Aktionen: Schüler nicht überfordern
- Vielfältiges Übungsangebot aus diesem Bereich erproben und Spiele und Aktionen finden, die Spaß machen

Zeiten der Stille sind eine große Kostbarkeit und erlauben Seele und Körper, sich zu regenerieren. Besonders die Schüler, die am wenigsten Ruhe ausstrahlen, genießen es am meisten, wenn sie langsam zur Ruhe geführt werden und diese schließlich erleben dürfen. Sie sind stolz, wenn es ihnen gelingt, in der Gemeinschaft die Stille zu genießen. Nicht zuletzt ist dies der erste Schritt, in sich hinein und auf sich selbst hören zu lernen, um in sich ruhen zu können.

2.9 Pausen, offene Situationen und Fachstunden

„ Wer sein Ziel kennt, findet den Weg. "
Laotse

Kinder mit emotional-sozialen Auffälligkeiten haben außerhalb ihres Klassenzimmers und des gewohnten, strukturierten Rahmens vermehrt Schwierigkeiten, sich angemessen zu verhalten. Pausen, Gänge zur Toilette oder in die Turnhalle, aber auch Ausflüge stellen eine große Herausforderung dar. Woher kommt das?

Offene Situationen sind für viele Schüler nicht ohne Weiteres zu meistern. Reizüberflutung, Ängstlichkeit, ein Mangel an Aufmerksamkeit oder das Fehlen innerer und äußerer Strukturen erschweren ihnen diese Übergangssituationen (vgl. Kapitel 2.2). Daher ist es sinnvoll, diese offenen Situationen gezielt im Unterricht zum Thema zu machen, um den Schülern dadurch Orientierung zu bieten und mögliche Schwierigkeiten zu vermeiden.

2.9.1 Pausen

Ein großer, unübersichtlicher Pausenhof, in dem Kinder toben, schreien und spielen, ist für einige Schüler eine zu große Herausforderung. Das Kennenlernen des Geländes und die damit verbundenen Regeln (Pausenregeln) sollten zu Beginn des Schuljahres eingeplant werden. Auch hier sind Strukturierungen und Verfahrensabläufe für Schüler ein wichtiges Element, um diese offene Situation überschaubar zu machen:

▶ Was darf ich, was nicht?
▶ Wo ist die Grenze des Geländes?
▶ Wie kann ich mich sinnvoll beschäftigen?
▶ Welche Angebote gibt es?
▶ Wo kann ich mir Hilfe holen, wenn etwas passiert oder ich nicht weiter weiß?

Pausenregeln sollten allgemeingültig und im Kollegium bekannt sein. Eine Pausenaufsicht, die ihre Aufgabe ernst nimmt, und Beschäftigungsangebote sind wichtige Themen zu Beginn des Schuljahres und gehören in das Gesamtkonzept jeder Schule (Schulentwicklung). Hier sollte auch der einheitliche Umgang mit Problemen besprochen und verbindlich festgelegt werden (vgl. Kapitel 3.1).

Bei einigen Schülern bietet es sich an, Patenschaften oder Tutorensysteme mit anderen Kindern (oder Klassen) einzuführen: So können sich die Schüler gegenseitig helfen und miteinander spielen (vgl. Kapitel 3.2).

Mitunter benötigen Schüler konkrete Ideen, was sie in der Pause spielen können (KV 36) 💿. Gemeinschaftsspiele können in der Klasse eintrainiert, geeignetes Spielzeug vom Lehrer ausgegeben werden. Mitunter muss auch im Rollenspiel trainiert werden, wie man andere Kinder fragen kann, ob man mitspielen darf.

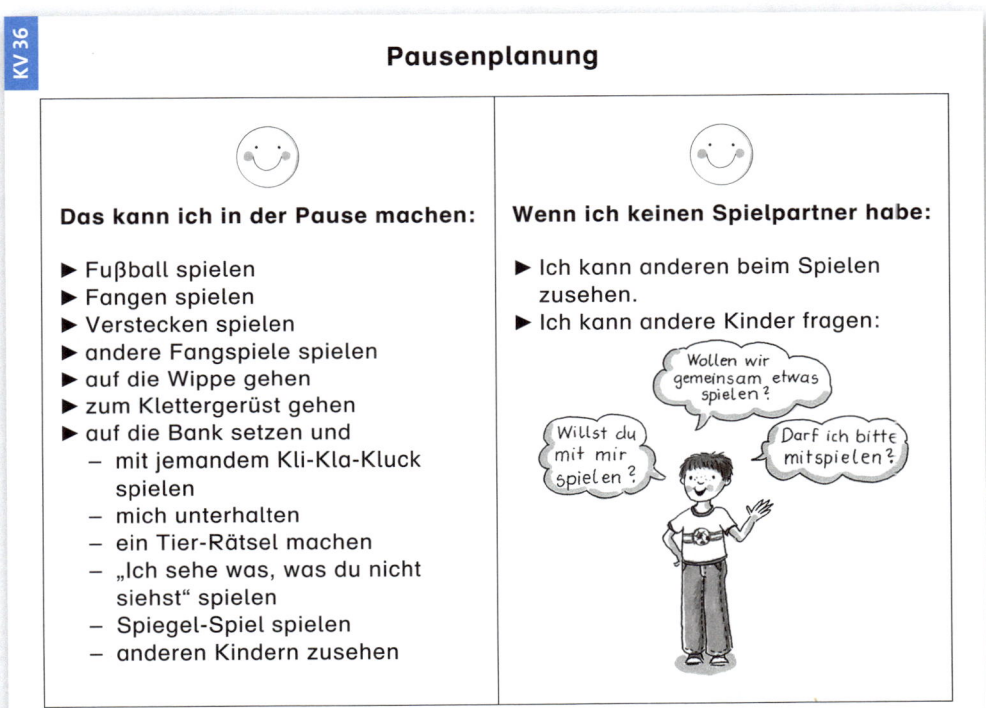

Ängstliche Kinder sind oft mit dem lauten Treiben im Pausenhof überfordert. Für diese Schüler hat sich das Angebot der Stillen Pause bewährt: Ein Lehrer oder eine Schulsozialpädagogin bietet ein Zimmer in einer bestimmten Pause zum Spielen an. Nur vom Klassenlehrer ausgewählte Kinder können mit einer Extraberechtigung (KV 37) 💿 ihre Pausen so zum stillen oder gemeinsamen Spiel nutzen.

Leseecken, Tischtennisplatten, Kicker oder Ähnliches sind ein gerne gesehenes Angebot. Je mehr Struktur in die Pausen gebracht wird, desto weniger Störungen gibt es.

> **KV 37**
>
> **Stille Pause**
> (zum Ergänzen, danach ausdrucken und laminieren)
>
> | Stille Pause | Stille Pause | Stille Pause |
> |---|---|---|
> | Name: _____ | Name: _____ | Name: _____ |
> | Klasse: _____ | Klasse: _____ | Klasse: _____ |
> | darf diese Pause im Zimmer der stillen Pause verbringen! | darf diese Pause im Zimmer der stillen Pause verbringen! | darf diese Pause im Zimmer der stillen Pause verbringen! |
> | So hat es geklappt: ☺ 😐 ☹ | So hat es geklappt: ☺ 😐 ☹ | So hat es geklappt: ☺ 😐 ☹ |
> | Name Lehrkraft | Name Lehrkraft | Name Lehrkraft |
> | Stille Pause | Stille Pause | Stille Pause |

2.9.2 Offene Situationen

Zu den offenen Situationen gehören Übergänge, die zwischen einzelnen Phasen, bei Stundenwechsel oder dann entstehen, wenn etwas nicht konkret geplant wurde. Daher ist es sinnvoll, offene Situationen präventiv so gut es geht zu vermeiden. Im Falle von unvorhersehbaren Zwischenfällen sollte man sogenannte Verfahrensabläufe parat haben. Diese Situationen werden im Kapitel 2.2 (Grundsätze für den Unterricht) genauer beschrieben

Auch das Verlassen des Klassenzimmers mitsamt seiner Struktur ist für viele Schüler eine offene Situation und damit für manche auch eine Überforderung. Gänge zur Toilette oder zur Turnhalle müssen genau besprochen und in schwierigen Fällen auch gezielt geübt werden. Für die Schüler ist es wichtig, nicht mit ihren Ängsten oder Überforderungen alleine gelassen zu werden. Auch hier eignen sich Paten- oder Tutorensysteme innerhalb der Klasse (wie beispielsweise ein Helferkind, vgl. Kapitel 1.3), sodass Kinder mit Schwierigkeiten sich jederzeit einer Unterstützung sicher sein können.

Auch Ausflüge können zu unschönen Erlebnissen werden, wenn sie nicht richtig geplant werden und den Schülern gültige Regeln und wichtige Vereinbarungen unbekannt sind. Unsicherheiten sollten stets vermieden werden, dies gilt für Lehrer und Schüler gleichermaßen.

2.9.3 Fachstunden, Fachlehrer

Schüler mit Schwierigkeiten im Erleben und Verhalten haben oft Probleme im Umgang mit Fachlehrern. Grund hierfür ist häufig eine ungünstige Entwicklung im Bindungs- und Beziehungsverhalten, sodass neben dem Klassenlehrer keine weiteren Autoritätspersonen mehr akzeptiert werden. Das Fehlen des Klassenlehrers als Bezugsperson ist für manche Schüler äußerst unbefriedigend und manchmal nicht zu bewältigen. Dies kann zu verstärkten Auffälligkeiten im Verhalten führen. Für Fachkräfte bedeutet dies meist besondere Mühe im Unterricht oder es macht ein zufriedenstellendes Miteinander sogar unmöglich. In diesen Fällen ist eine gute Absprache mit dem Klassenlehrer Voraussetzung für den Unterricht: Informationen, was der einzelne Schüler benötigt, Formen der Rückmeldung hinsichtlich seines Verhaltens, Unterstützungssysteme für den Schüler und den Lehrer müssen thematisiert werden.

Bisweilen können einzelne Prozesse im Schulgeschehen so verfahren sein, dass Schüler an gewissen Fachstunden nicht mehr teilnehmen können. Diese Auszeit muss gemeinsam mit den Eltern, der Schulleitung sowie den betroffenen Lehrern in aller Ruhe besprochen werden. In solchen Fällen muss für ein alternatives schulisches Angebot gesorgt werden, mit dem Ziel, den Schüler zukünftig wieder ganz in seine Klasse zu integrieren.

3. Handlungsmöglichkeiten auf Schulebene

3.1 Schulregeln und -konsequenzen

> *Ein wirklich „schwieriger" Schüler ist nicht Sache des einzelnen Lehrers – sondern der ganzen Schule.*
>
> Christoph Eichhorn

Im Hinblick auf einen guten Umgang mit schulischen Herausforderungen soll in diesem Kapitel das gesamte Kollegium in den Fokus gerückt werden:
- Wie geht eine Schule mit den Schwierigkeiten durch störende Schüler um?
- Werden einzelne Lehrer vom Kollegium unterstützt oder arbeitet jeder für sich selbst am Verhalten von schwierigen Schülern?

Viele wissenschaftliche Untersuchungen zur Reduktion und Vermeidung von Gewalt an Schulen haben bestätigt, dass ein wesentlicher Faktor zur Minderung von Gewalt und Konflikten eine geschlossene Haltung des Kollegiums ist. Gemeinsame Werte bilden hierfür die Grundlage. Deshalb macht es Sinn zu Beginn einer Debatte hinsichtlich „Was wollen wir anders haben?", „Was ist uns wichtig?", „Wie gehen wir zukünftig mit Regelverstößen um?" einen Konsens für Wertvorstellungen innerhalb des Kollegiums zu finden. Diese Aufgabe stellt keine unlösbare Herausforderung für eine Schule dar, sondern kann Inhalt einer angeleiteten pädagogischen Konferenz sein. Wünschen sich Schulen hierbei Unterstützung so kann diese beispielsweise bei den Fachkräften der Schulberatung angefragt werden.

Aus den gemeinsamen Werten, die auf die wesentlichen Kernaussagen reduziert werden, kann nun die Basis für eine Schulordnung entstehen. Folgendes Beispiel soll dies verdeutlichen:

Unsere Schulordnung

In unserer Schule wollen wir gemeinsam lernen, uns wohlfühlen und respektvoll miteinander umgehen.

1. Ich höre auf alle Erwachsenen in der Schule.
2. Ich verhalte mich höflich.
3. Ich zeige mich hilfsbereit.
4. Ich gehe achtsam und respektvoll mit anderen Menschen und Dingen um.
5. Ich löse Streitigkeiten friedlich und mit Köpfchen.
6. Bei Erwachsenen kann ich mir jederzeit Hilfe holen.
7. Ich bemühe mich um eine geeignete Wiedergutmachung.
8. Ich habe das Recht auf einen ungestörten Unterricht.
9. Ich achte auf Pünktlichkeit, Ordnung und Vollständigkeit meiner Arbeitsmaterialien.
10. Ich erledige meine Hausaufgaben zuverlässig.

Anhand dieser Schulordnung können nun konkrete Verhaltensweisen zu einzelnen Zielen eingeführt werden. Ein ausformuliertes Beispiel zum Ziel „Ich habe das Recht auf ungestörten Unterricht", das sowohl für Schüler wie auch für Lehrer gilt, ist auf KV 38, KV 39 und KV 40 aufgeführt.

KV 38

Vorlage Sozialziel: Recht auf ungestörten Unterricht (Ich mache …)

☺ Ich arbeite leise und schaue auf mich.

☺ Ich störe niemanden beim Lernen.

☺ Ich halte mich an die Klassenregeln.

☺ Im Schulhaus bewege ich mich ruhig.

KV 40

Vorlage Sozialziel: Recht auf ungestörten Unterricht – Plakat

Ungestörter Unterricht

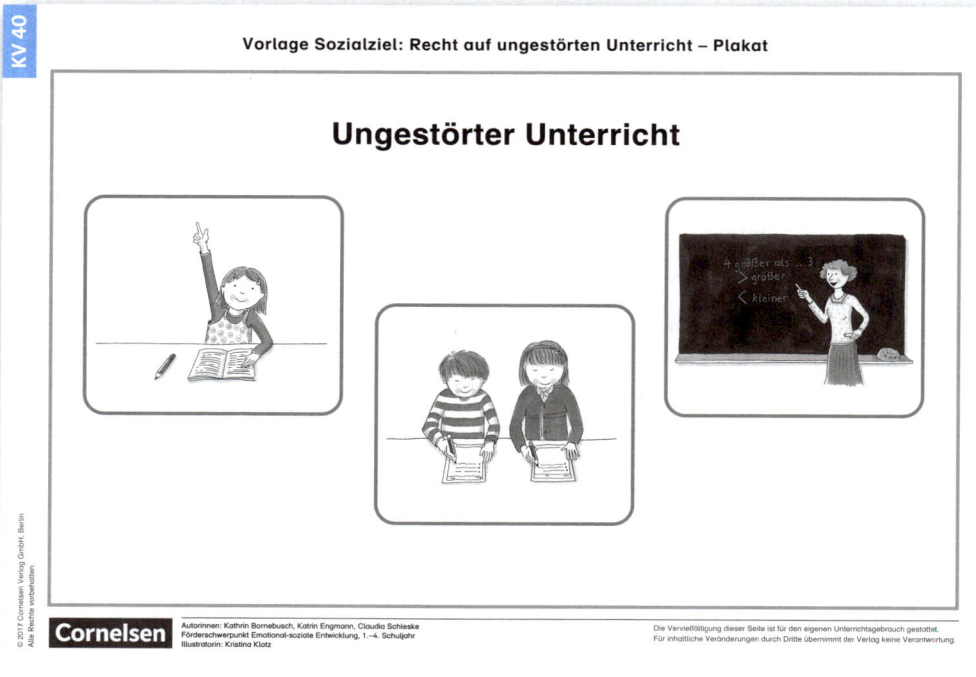

Bei der Erarbeitung von Regeln (Schulhausregeln, Klassenregeln oder Individualzielen) sollte einiges beachtet werden.

Grundsätzliches für die Erarbeitung und Formulierung von Regeln und Konsequenzen

„Denken Sie jetzt nicht an einen rosa Elefanten!" Wir alle kennen diesen Spruch. Doch was sehen wir dabei vor unserem inneren Auge? Richtig: einen rosa Elefanten!

Dies gilt es auch bei der Formulierung von Regeln zu beachten:

Regeln:
- … werden positiv als Gebote statt Verbote formuliert, das bedeutet im Sinne des rosa Elefanten: 👎 Ich rufe nicht dazwischen! 👍 Ich warte, bis ich aufgerufen werde!
- … sind kurz, klar, konkret.
- … sind überschaubar in der Anzahl (in Abhängigkeit zu Entwicklungsstand und/oder Alter).
- … beginnen mit „ich" oder „wir".
- … werden durch eindeutige Bilder visualisiert (zu Beginn der 1. Klasse nur Bilder).
- … werden gemeinsam erstellt (in Abhängigkeit zum Entwicklungsstand/Alter auch gemeinsam ausgesucht und besprochen).
- … gelten für alle (auch für Lehrer).
- … sind operationalisierbar (d.h., ihre Beachtung ist eindeutig überprüfbar).
- … gibt es nicht ohne Konsequenzen!

Anhand dieser klaren Vorgaben, welches Verhalten auf Schulebene (Schulordnung) erwünscht ist, können gemeinsam im Kollegium (bzw. einer Steuergruppe) sinnvolle Konsequenzen erarbeitet werden, die bei Nichtbeachtung der Regeln zum Einsatz kommen. Auch hierbei sind wesentliche Formalitäten zu beachten.

Konsequenzen:
- … werden vor dem Regelverstoß festgelegt.
- … sind transparent und einsichtig.
- … stehen in sinnvollem, logischem Zusammenhang zum Verhalten, das bedeutet:
  - als Wiedergutmachung (z. B. Reparatur, Ersatz bei Sachbeschädigung). Dabei sind die Stufen der Verantwortung zu beachten (genauer Nachzulesen bei Furmann, 2012).
  - als Hilfe zur Selbstkontrolle mit dem Ziel der Herstellung von Steuerungsfähigkeit des Betreffenden (die Konsequenz soll auch beim „Täter" einen sinnvollen Entwicklungsschritt initiieren).

- ... sind zeitnah, folgen unmittelbar auf den Regelverstoß.
- ... müssen nicht immer sofort ausgesprochen werden wenn nicht sicher ist, welche Konsequenz folgen könnte. Dann erfolgt jedoch immer ein Hinweis (Ankündigung, dass dieses Verhalten noch Konsequenzen haben wird! Diese werden dem Schüler zum Zeitpunkt xy mitgeteilt).
- ... dürfen nicht herabsetzend oder demütigend sein.
- ... werden abgestuft und berücksichtigen dabei den Grundsatz der Verhältnismäßigkeit.
- ... müssen unangenehmer als die Einhaltung der Regeln sein (Kosten-Nutzen-Abwägung).
- ... dienen vornehmlich dem Zweck, dem Betreffenden dabei zu helfen, in Zukunft die Regeln besser befolgen zu können = Hilfe zur Selbsthilfe (siehe oben).

Die Präsenz der Lehrer im Schulhaus bzw. im Pausenhof ist ebenso ein entscheidender Faktor für einen gelingenden aber auch präventiven Umgang mit Konflikten. Das Motto „Sehen und gesehen werden" gilt nicht nur für das Klassenzimmer. Ein direkter Hinweis im Sinne von „Du verstößt gerade gegen eine Regel und ich sehe dies!" an einen Schüler kann auch nonverbal erfolgen, indem der Lehrer stehen bleibt und den Schüler demonstrativ ansieht. Auch ein ruhiges „Ich habe dich gesehen!" kann genügen, um negatives Verhalten kurzfristig zu unterbinden, da sich der Schüler durch die Beobachtung unwohl fühlt.

> **!** Niemals darf negatives Verhalten, das andere schädigt, von Lehrern ignoriert, übersehen oder geduldet werden! Duldung ist die ungünstigste Form der Verhaltensveränderung, da sie negatives Verhalten nachhaltig und löschungsresistent verstärkt, sodass dessen Auftreten kontinuierlich zunimmt. Das bedeutet, lieber einmal zu viel als zu wenig einschreiten, in unklaren Situationen Präsenz und Interesse zeigen!

Die Präsenz der Aufsicht sollte in den Bereichen der Pause oder im Schulhaus erhöht werden, in denen es verstärkt zu Problemen (z. B. Rauchen, Raufereien) kommt. Schüler, v. a. Jugendliche, nehmen die verstärkte Präsenz als störend wahr und müssen ihre Verhaltensweisen so neu überdenken und ausrichten.

Was möchte ich erreichen?	*So kann ich es erreichen!*
Freundliches, respektvolles Miteinander im Schulhaus	***Schulordnung*** Erstellung einer Schulordnung im Kollegium auf Grundlage eines gemeinsamen Wertesystems

Reduzierung von Konflikten im Schulhaus und in Pausen	***Regeln und Umgang mit Regelverstößen*** ▸ Erarbeitung verbindlicher Regeln für Schulhaus und Pausen ▸ Erhöhung der Präsenz ▸ Gemeinsames Erarbeiten eines einheitlichen Umgangs mit Regelverstößen
Angenehme Lernatmosphäre in der Klasse	***Einführen verbindlicher Klassenregeln***

3.2 Klassenübergreifende Hilfesysteme

„Mancher ertrinkt lieber, als dass er um Hilfe ruft."
Wilhelm Busch

Treten in einer Schule gehäuft Verhaltensprobleme der Schüler auf, sollte sich die Schule geschlossen mit diesem Thema auseinandersetzen und ein Schulkonzept mit dem Schwerpunkt emotional-soziale Entwicklung erarbeiten. Dabei können u. a. folgende klassenübergreifende Hilfesysteme positive Auswirkungen zeigen:

Was möchte ich erreichen? | *So kann ich es erreichen!*

Auszeiten für Schüler ermöglichen und gleichzeitig die Aufsichtspflicht erfüllen	***Auszeitplan*** Hin und wieder ist es nötig, renitenten Störenfrieden eine Auszeit zu verordnen. Um hierbei die Aufsichtspflicht nicht zu verletzen, entwickeln immer mehr Schulen sogenannte Auszeitpläne. Auf einer Art Stundenplan wird notiert, in welchen Stunden welche Lehrkraft störende Schüler in ihrem Zimmer aufnehmen kann. In der Regel kommen die Schüler mit Arbeitsaufträgen in die Klassen und arbeiten dann für sich alleine an einem Einzeltisch. Meist gelingt es den betroffenen Kindern gut, im neuen Rahmen (im Idealfall bei viel jüngeren oder viel älteren Schülern) ohne das bekannte „Publikum" wieder zur Ruhe zu finden und sich zu konzentrieren. Möchte man genauer über das Verhalten während der Auszeit informiert sein, kann man Rückmeldebögen zum Ankreuzen für einzelne Schüler erstellen und dem Schüler mitgeben (KV 41).

Rückmeldebogen für Auszeiten

Name des Schülers/der Schülerin: _____ Klasse: _____

Datum/ Lehrkraft	Anlass für Time-Out	Beobachtungen während des Time-Outs
am: _____ von Name: _____ Klasse: _____ zu	☐ Schüler stört den Unterricht durch sein Verhalten. ☐ Es gab Konflikte mit den Mitschülern. ☐ Schüler weigert sich mitzuarbeiten. ☐ Es gab Konflikte mit dem Lehrer. ☐ _____	☐ Schüler hat gut und ruhig gearbeitet. ☐ Schüler hat sich weitgehend ruhig verhalten und gearbeitet. ☐ Schüler hat in der Klasse mitgearbeitet/geholfen. ☐ Schüler hat nicht gearbeitet, ist aber unauffällig geblieben. ☐ Schüler hat wieder im Unterricht gestört.

Was möchte ich erreichen? | *So kann ich es erreichen!*

Verhaltensmodifikation auf Schulebene: Steigerung der Motivation aller Schüler, sich sozial angemessen zu verhalten

Trainingsraum
Treten Störungen und Konfliktfälle geballt während der Pause, der letzten Unterrichtsstunde oder zu anderen problematischen Gelegenheiten auf, ist zu überlegen, ob zumindest für diese Zeiten ein Trainingsraum eingerichtet und besetzt wird. Dieses Programm wurde zur Lösung von Disziplinproblemen entwickelt und entlastet Schüler und Lehrer gleichermaßen (siehe z. B. unter www.trainingsraum.de).

Sozialziele-Katalog/TeamPinBoard
Eine Methode, die sich in Klassen mit gehäuft auftretenden Verhaltensauffälligkeiten immer wieder bewährt hat, aber idealerweise auch präventiv und klassenübergreifend eingesetzt werden kann, ist der Sozialziele-Katalog von M. Weidner. Auch das TeamPinBoard von G. Kleindiek hat die Förderung sozialer Kompetenzen auf schulischer Ebene zum Ziel. Das Sozialverhalten wird bei diesen Methoden zum eigenständigen Unterrichtsinhalt. Nach dem Prinzip der kleinen Schritte wird anhand von Zielsetzungen und regelmäßigen Reflexionen sozial adäquates Verhalten trainiert (siehe www.teampinboard.de; www.sozialekinder-lernen-besser.de).

Was möchte ich erreichen? | *So kann ich es erreichen!*

Klassenübergreifende Verstärkersysteme
Werden Verstärkersysteme für eine ganze Schule konzipiert, ändern sich sowohl die Art und Weise der Verstärkung als auch die Art der Belohnung.
Ideen zur Verstärkung:
- Laminierte Kärtchen, die alle Lehrer bei sich tragen und im Schulhaus/während der Pause an Kinder mit auffällig positivem Verhalten verteilen. Die Kärtchen werden dann in Klassenbriefkästen/Schatzkisten gesammelt.
- Am Ende der Woche stimmt/punktet jeder Lehrer für eine Klasse (evtl. nicht die eigene), die ihm in den letzten Tagen in Bezug auf ein gemeinsames Schulziel besonders positiv aufgefallen ist.

Ideen zur Belohnung:
- Am Ende der Woche wird ausgezählt, welche Klasse die meisten Kärtchen/Punkte/Stimmen verdient hat. Wer Sieger ist, wird auf einer Tafel/einem Poster in der Aula schriftlich festgehalten und per Lautsprecherdurchsage bekannt gegeben.
- Über mehrere Wochen kann z. B. in der Aula ein Siegerdiagramm erstellt werden. Zunächst ist es meist für die Schüler Ehre genug, als Sieger benannt zu werden. Flaut dieser Effekt ab, kann überlegt werden, ob die Klasse, der es während eines bestimmten Zeitrahmens am häufigsten gelungen ist, die meisten Punkte zu verdienen, beispielsweise einen extra Ausflug machen darf.

Steigerung der Mitbestimmung der Schüler, des Wir-Gefühls und des Zusammenhaltes von Schülern einer Schule

Schulversammlungen
Zu Schulversammlungen kommen in regelmäßigen Abständen alle Schüler und anwesende Lehrer in Aula, Turnhalle o. Ä. zusammen. Es werden Neuigkeiten bekannt gegeben, Projekte vorgestellt, Fotos der Klassen angesehen oder Entscheidungen getroffen. Denkbar wären auch Monatsthemen wie: Monatsrätsel, Menschen des Monats, Foto/Kunstwerk des Monats etc. Wichtig ist natürlich, dass die Kinder in die Planung und Durchführung miteinbezogen werden. Im Idealfall werden die Versammlungen von einem Schülerkomitee (z. B. Klassensprecher) organisiert und gestaltet, während sich die Lehrer eher im Hintergrund halten.

Was möchte ich erreichen? | *So kann ich es erreichen!*

Förderung der gegenseitigen Unterstützung von Schülern verschiedenen Alters

Patenklassen
Sehr bewährt haben sich Patenschaften innerhalb der Schule zwischen älteren und jüngeren Schülern. Beide Seiten profitieren immens durch die gemeinsamen Aktionen, wie beispielsweise Ausflüge, gemeinsames Frühstück, Feiern an Weihnachten, Fasching, Ostern etc. Aber auch Vorlesestunden, Mathematiknachhilfe, einstudierte Theaterstückchen, gemeinsam erstellte Kunstausstellungen oder Projekte sind denkbar. Durch ihre vertraute Beziehung tragen die Kinder positiv zum Schulklima bei. Insbesondere während Pausen treten in der Regel weniger Konflikte auf, da sich die älteren Kinder ganz selbstverständlich für die jüngeren Kinder verantwortlich fühlen. Gut eignet sich dieses System für Kinder, die neu an die Schule gekommen sind (z. B. auch Erstklässler).
Neben schulinternen sind selbstverständlich auch schul- und schulartübergreifende Patenschaften denkbar.

Unterstützung verschiedener schulischer Bereiche durch ehemalige Schüler

Ehemalige Schüler als Coach
Besteht der Kontakt zu ehemaligen Schülern, kann dies als Ressource genutzt werden. Vorstellbar ist ein einmaliger Besuch in einer Klasse, bei dem der ehemalige Schüler erzählt, was er nun macht, wie er rückblickend die Schule sieht und was er den Kindern als Tipp mit auf den Weg gibt. Für die Schüler sind dies meist sehr bewegende Momente, die in der Regel zum Überdenken des eigenen Verhaltens und der Arbeitshaltung sowie der Einstellung zur Schule führen.
Sind ehemalige Schüler motiviert längerfristig zu kooperieren, kann eine Patenschaft zwischen Einzelnen initiiert werden, wobei der ehemalige Schüler den jüngeren wie ein Coach begleitet und in regelmäßigen Abständen trifft.

4. Handlungsmöglichkeiten im Kollegium

> *Die wichtigste Ressource des Lehrers sind seine Kollegen.*
>
> Christoph Eichhorn

Glücklicherweise wandelt sich die Einstellung von Lehrern in immer mehr Schulen weg vom Einzelkämpfertum hin zu kooperativen Kollegen. Klassenzimmertüren öffnen sich zunehmend und ermöglichen Hospitationen, Team-Teaching sowie kollegiale Beratungen. Zwar sind all diese Handlungsmöglichkeiten zeitintensiv und erfordern Offenheit und Vertrauen, jedoch bringen sie zahlreiche Vorteile mit sich! Warum dies insbesondere bei Klassen mit verhaltensauffälligen Schülern für alle Beteiligten sinnvoll ist und unsere Kräfte schont, soll im Folgenden erläutert werden.

4.1 Team-Teaching und Hospitationen

> *Die Schule ist ein Beziehungsnetz, dessen Qualität den Schulerfolg entscheidend prägt.*
>
> Remo H. Largo

Team-Teaching ist eine kooperative Lehrmethode, bei der in der Bestform zwei Lehrer zusammen den Unterricht planen und durchführen. Im schulischen Alltag ist dies bislang allerdings eher die Ausnahme. Häufiger findet gemeinsames Unterrichten statt, wobei ein Lehrer den Unterricht leitet, der andere dabei ist und unterstützt sowie auf das Schülerverhalten reagiert. Team-Teaching führt zu einer Perspektiven- und Methodenvielfalt des Unterrichts, ermöglicht umfassende Differenzierungen und bietet Entlastung auf mehreren Ebenen: Die Arbeit wird in vielen Bereichen geteilt, ebenso können Probleme auf der Meta-Ebene betrachtet und gemeinsam gelöst werden. Durch das Feedback des Kollegen werden Kompetenzen erweitert und für die Unterstützung einzelner Schüler bleibt mehr Zeit. Insbesondere heterogene Lerngruppen können so passgenauer und professioneller gefördert werden, weshalb dieser Ansatz ein wichtiger Punkt beim Thema Inklusion ist. Eine kollegiale Zusammenarbeit bringt den Schülern zudem positive Vorbilder hinsichtlich Teamarbeit, Kommunikation und Kooperation.

Hospitationen gewinnen zunehmend an Bedeutung und Popularität und zählen zu den wichtigsten Unterstützungssystemen beim Thema Inklusion. *Viele Augen sehen mehr*: Durch das Feedback von Kollegen wird der Unterricht reflektiert und professionalisiert. Andere, neue Perspektiven können „blinde Flecken" in der Lehrerarbeit aufdecken und festgefahrene Systeme aufbrechen, sodass auch für hartnäckige Probleme Lösungen gefunden werden können. Je nach Absicht können beispielsweise folgende Beobachtungsschwerpunkte gesetzt werden: Passung (Abstimmung der Lerninhalte und Lernvoraussetzungen), Unterrichtsziele, Unterrichtsmethoden, Medien, Gliederung und Struktur, Motivation und Arbeitshaltung der Schüler, Kommunikation und Interaktion (KV 42).

KV 42

Hospitationsprotokoll

Am: _____ , _____ Unterrichtsstunde von _____ Uhr bis _____ Uhr

Unterrichtsfach: _____ , Thema: _____

Beobachtungsschwerpunkt:

☐ Interaktion der Schüler ☐ Lehrersprache ☐ Methoden ☐ Motivation und Arbeitshaltung der Schüler ☐ Reaktionen auf Störungen ☐ Unterrichtsaufbau und Rhythmisierung ☐ Wertschätzendes Verhalten ☐ Sonstiges

ZEIT	LEHRERAKTION	SCHÜLERAKTION	BEOBACHTUNGS-SCHWERPUNKT / ANMERKUNG

Am wichtigsten ist jedoch, dass festgefahrene Einstellungen und Reaktionen auf problematische Schüler beobachtet und verändert werden können. Beispielsweise kann das für einen Lehrer subjektiv wahrgenommene, provozierende Schülerverhalten von einer Kollegin in einem anderen Kontext gesehen werden. Daraus kann sich eventuell eine veränderte Sicht auf den Schüler ergeben. So können festgelegte Alltagstheorien aufbrechen und einen neuen Blick auf den Schüler ermöglichen.

4.2 Kollegiale Beratung und Fallbesprechungen

" Um klar zu sehen, genügt oft ein Wechsel der Blickrichtung. "
Antoine de Saint-Exupéry

Kollegiale Beratung (mit oder ohne **Fallbesprechung** im klassischen Sinn) führt zu einer intensiven Auseinandersetzung mit einem speziellen Thema. Durch den Perspektivenwechsel entsteht häufig eine Ideenvielfalt neuer Problemlösestrategien und positiver Handlungsansätze. In der Regel profitiert davon nicht nur der Fallgeber, sondern auch alle anderen Teilnehmer. Der Weg dieser Methode ist die Lösungsorientierung. Das Ziel sollte ein konkreter erster Schritt sein. Wichtig bei Beratungsgesprächen sind eine übersichtliche Strukturierung sowie Visualisierung. Bei kürzeren Beratungsgesprächen kann ein Vierfelderschema zugrundegelegt werden (KV 43) : Dabei führt der Weg vom belastenden Ist-Zustand, dem Problem, über die Ressourcen und guten Seiten zum Ziel, dem Wunsch-Zustand. Als Ergebnis werden wichtige Schritte und Maßnahmen auf diesem Weg formuliert und ein konkreter erster Schritt festgelegt. Dieses Raster ermöglicht ohne zusätzliche Vorbereitungsarbeit ein lösungsorientiertes, strukturiertes Gespräch und kann in ähnlicher Form für Elterngespräche etc. verwendet werden (vgl. Kapitel 5).

KV 43

Vierfelderschema

Gespräch mit: _____   am: _____

Schüler/in: _____   Klasse: _____

Das **Problem** ist:	Die **Ressourcen** sind:

Bei mehrschichtigen, umfassenden Problemen ist eine ausführliche Fallbesprechung mit mehreren Kollegen eine sinnvolle, zielführende Hilfe. Es empfiehlt sich, dabei eine vorgegebene Struktur strikt einzuhalten. So können ausufernde Diskussionen und Nebensächlichkeiten vermieden und es kann stattdessen zielführend und effektiv gearbeitet werden. Einer der Teilnehmer übernimmt daher die Rolle des Zeitwächters und erinnert ggf. an das Einhalten des festgelegten Ablaufs.

Mögliche Inhalte und Tipps zu den einzelnen Strukturpunkten einer Fallbesprechung (KV 44):

1. und 2. Sammeln und Auswahl eines Falles: Fälle, die sich für eine Besprechung eignen, werden ganz kurz (in ca. drei Sätzen) vorgestellt. Dann einigt sich die Gruppe und sucht einen Fall aus, der besprochen wird.

3. Schilderung des Falles: Der Fallgeber wird bei seiner Schilderung nicht unterbrochen, die anderen Teilnehmer hören aufmerksam zu und fragen im Anschluss sachlich nach.
- Um wen geht es?
- Wie äußert sich die Auffälligkeit (wie, wann, bei wem/wo, wie lange, …)?
- Welche Konsequenzen folgen darauf?
- Gibt es positive Ausnahmen? Falls ja, wann, wo, bei wem, weshalb, …?
- Welche Hintergrundinformationen gibt es (aus Kollegium, Familie, Netzwerk)?
- Was wäre das Ziel/die gewünschte Veränderung?
- Was wurde bisher von wem und wann unternommen?
- Welche Reaktionen wurden dabei beobachtet?
- Welche Emotionen traten hierbei auf?
- Mögliche Erklärungsansätze hierzu?
- Was wäre für heute ein gutes Ergebnis?

4. Sachliches Nachfragen: Ziel dieser Phase ist das Einholen weiterer wichtiger Informationen sowie die Strukturierung des Falles, um Klarheit zu erlangen. Diskussionen sind hier fehl am Platz.
- Beseitigen von Unklarheiten
- Fragen nach Details
- Fragen nach Ausnahmen und positiven Entwicklungen (falls dies nicht zuvor schon berichtet wurde)

5. Formulieren einer Zielfrage: Eine Zielfrage soll konkretisiert und schriftlich auf einer Karteikarte o. Ä. fixiert werden, z. B. „Wie schaffe ich es, dass sich Mia im Unterricht häufiger beteiligt?" oder „Was kann ich tun, damit Noah mehr positiven Kontakt zu seinen Mitschülern bekommt?". Wichtig ist, dass die Frage ich-bezogen und lösungsorientiert formuliert ist und sich nicht auf andere Personen oder das Problem bezieht. Fragen wie „Wie kann sich Sevin besser beherrschen?" bzw. „Warum provoziert Danielle ständig?" sind fremdbestimmend und wären wenig zielführend.

6. Emotionale Betrachtung: Wahrgenommene Gefühle sollen verbalisiert werden, um die Beziehungsebene zu durchleuchten und neue Erklärungsansätze sowie Lösungswege aufzudecken. Jeder darf seine Gedanken und Wahrnehmungen frei äußern. Fantasieren ist in dieser Phase erlaubt! Wichtig ist jedoch, den Fallgeber nicht in seiner Person zu kränken. Auf vorsichtige Formulierungen sollte geachtet werden, indem Ich-Botschaften gesendet werden und auf Du-Botschaften verzichtet wird. „Ich habe den Eindruck, dass du von diesem Ereignis sehr betroffen warst" klingt anders als „Du warst ja total fertig!".

Der Fallgeber hört in dieser Phase nur zu.
- Schildern der Eindrücke: Was ist am Fallgeber aufgefallen bzgl. Gestik, Mimik, Stimme, Sprache, Inhalt?
- Äußern eigener Gefühle beim Zuhören
- Vermutungen und Fantasien anfügen

7. Rückmeldung zu Wahrnehmungen des Teams: Erkennt sich der Fallgeber in den Äußerungen wieder? Treffen manche Vermutungen zu? Was erstaunt, was passt nicht?

8. Suche von Lösungsmöglichkeiten: Ideen zum weiteren Vorgehen (immer in Bezug auf die Zielfrage) werden von den einzelnen Teammitgliedern in Stichpunkten schriftlich auf Kärtchen fixiert. Wichtig hierbei ist, dass pro Kärtchen nur eine Idee aufgeschrieben wird, damit die Lösungsansätze später sortiert werden können.

9. Erläutern der Lösungsideen: Jedes Teammitglied erklärt seine Lösungsideen kurz und überreicht die jeweiligen Kärtchen dem Fallgeber.

10. Rückmeldung zu Lösungsideen und Sortieren der Kärtchen: Die Vorschläge können nun in drei Gruppen sortiert werden: passend/sofort umsetzbar, überlegenswert bzw. evtl. bald passend, aktuell unpassend/momentan nicht umsetzbar (KV 45). Der Fallgeber sortiert und gibt kurze Erklärungen.

11. Festlegen des weiteren Vorgehens: Um eine Verbindlichkeit zu erreichen und Änderungen realistischer zu machen, sollte unbedingt festgelegt werden, welche Schritte als Erstes zu tun sind (was, wann, wo, wie/mit wessen Hilfe, was wenn nicht, …). Dies sollte auf einer farbigen Karte schriftlich fixiert werden.

12. Abschlussrunde: Jeder Teilnehmer erläutert kurz den eigenen Nutzen der Fallbesprechung. Fast immer ergeben sich für alle Beteiligten neue Perspektiven und Ideen, die für die eigene Arbeit umsetzbar sind. Folgende Fragen können dabei hilfreich sein:
- Was erinnert mich an eigene „Baustellen"?
- Was fand ich überraschend?
- Welche Ideen waren auch für mich neu?
- Was nehme ich mit?
- Was nehme ich mir vor?

Hilfreiche Materialien zur Durchführung einer Fallbesprechung:

- AB zur Fallstruktur (KV 44)
- Kärtchen zum Notieren der Lösungsideen (Moderationskarten oder Papierstreifen), Stifte
- Karten zur Sortierung der Lösungsideen (KV 45)
- AB oder Karte zum Fixieren des weiteren Vorgehens
- Kärtchen mit Satzanfängen für die Abschlussrunde

KV 44

Struktur einer Fallbesprechung	
Fallgeber	**Team**
1. Sammeln von Fällen	
2. Einigung und Auswahl eines Falles	
3. Schilderung des Falles	hört aktiv zu
antwortet	**4. Sachliches Nachfragen**
5. Formulieren einer Zielfrage (schriftliches Fixieren dieser Frage)	
hört zu	**6. Emotionale Betrachtung** (Ich-Aussagen, Eindrücke und Wahrnehmungen)
7. Rückmeldung zu Wahrnehmungen des Teams	hört zu
bleibt passiv	**8. Suche von Lösungsmöglichkeiten** (schriftliches Fixieren: jede Lösungsidee auf ein eigenes Kärtchen, jedes Teammitglied in

KV 45 **Karten zum Sortieren der Lösungsideen (in Fallbesprechungen)**

passend/
sofort umsetzbar

überlegenswert/

4.3 Coaching und Supervision

> *Es ist immer falsch, sich entmutigen zu lassen.*
> Tensin Gyatso, 14. Dalai Lama

Zum Schluss möchten wir noch auf die Möglichkeit externer Beratung verweisen. Es gibt mittlerweile viele Anbieter, die ein Coaching von Gruppen, Einzelcoaching oder Supervision für ein Kollegium anbieten. Hierbei sollte die jeweilige Gruppe gemeinsam nach einem geeigneten Coach oder Supervisor Ausschau halten. Je nach Ausbildung und Ausrichtung gibt es große Unterschiede in den einzelnen Arbeitsweisen. Da die Berufsbezeichnung „Coach" nicht geschützt ist, empfiehlt es sich, bei der Auswahl auf eine Zertifizierung durch einen Dachverband zu achten und Empfehlungen von Kollegen zu erfragen.

5. Kooperation mit den Eltern

» Gott hat uns zwei Ohren gegeben, aber nur einen Mund, damit wir doppelt so viel zuhören wie sprechen. «

Arabisches Sprichwort

Enge Zusammenarbeit mit den Eltern von Anfang an

Eltern sind unsere wichtigsten Partner, denn sie kennen ihre Kinder am besten. Je mehr Schwierigkeiten es im schulischen Kontext gibt, desto mehr brauchen wir ihre Unterstützung. Doch gerade Eltern von Schülern mit Auffälligkeiten im emotional-sozialen Bereich haben häufig schlechte Vorerfahrungen mit schulischen Terminen. Wegen des auffälligen Verhaltens ihrer Kinder kennen sie die Möglichkeiten der schulischen Disziplinierungspalette: Telefonate, Briefe, Mitteilungen, Verweise, Elterngespräche oder den Disziplinarausschuss. Die meisten Kontaktaufnahmen stehen daher unter einem negativen Vorzeichen. Schulische Veranstaltungen sind für die betroffenen Eltern emotional belastend. Sie fühlen sich oft angeklagt, verunsichert und bauen nicht selten Ängste oder Aggressionen gegenüber der Schule auf. Deshalb ist es besonders bedeutsam, mit den Erziehungsberechtigten von Kindern mit Auffälligkeiten im emotional-sozialen Bereich von Anfang an engmaschig zusammenzuarbeiten.

Wir alle kennen das Bild, die Eltern „mit ins Boot zu nehmen", um gemeinsam an einem Strang ziehen zu können. Das ist richtig und wichtig. Doch eigentlich sitzen die Eltern schon im Boot und wir müssen uns darum bemühen, von ihnen mit hineingenommen zu werden. Dies bedeutet für uns, eine positive Grundlage zu schaffen für eine gelingende, offene oder gar vertrauensvolle Zusammenarbeit.

Positive Verstärkung über die Eltern
Ein regelmäßiger Kontakt zu den Eltern sollte zuerst dazu genutzt werden, kleine Fortschritte aufzuzeigen und festzuhalten. Eltern sind sehr dankbar über kurze Mitteilungen, wenn an einem Tag etwas besonders gut lief.
Dieser Austausch über positive Entwicklungen ist wichtig und schafft eine gute Basis, die auch in Phasen mit Gesprächen über schwierigere, negative Inhalte unterstützend wirken kann.
Stellen Sie sich ein Kind vor, das von seiner Mutter dafür gelobt wird, dass der Lehrer über eine positive Entwicklung berichtet hat. Diese Möglichkeit, Überraschung und Freude auszulösen, sollten wir nutzen! Die Verstärkung von positivem Verhalten trägt mehr zur Verhaltensveränderung bei als Rügen oder gar Strafmaßnahmen.
Sollte dennoch die Notwendigkeit einer Erziehungsmaßnahme gegeben sein, hilft eine kontinuierliche Kooperation mit den Eltern, diese nachhaltiger und besser wirken zu lassen.

5.1 Lehrer-Eltern-Beziehung

» Wir sollten mehr miteinander als übereinander sprechen. «
Unbekannt

Eltern mit Respekt begegnen
Wesentlich für eine gute Lehrer-Eltern-Beziehung ist die Grundannahme, dass alle Eltern das Beste für ihr Kind wollen. Zumindest für die meisten Eltern ist diese Haltung zutreffend. Wir erleben sicherlich auch Eltern, die in ihrer Erziehung unzureichend oder sogar schädlich sind, teilweise bis hin zu seelischer oder körperlicher Verletzung. Wenn wir Derartiges vermuten, sind wir Lehrer uneingeschränkt Anwälte für die Kinder und müssen handeln. Wir sind vom Gesetzgeber sogar dazu verpflichtet. In solchen Fällen haben wir entsprechende Handlungsmöglichkeiten in Kooperation mit dem Jugendamt bzw. den Sozialbürgerhäusern und anderen Netzwerken (vgl. Kapitel 6).
Im Elterngespräch gehen wir aber zunächst davon aus, dass Eltern Experten für ihre Kinder sind. Allein deswegen, da sie zeitlebens die engste Verbindung zu den Kindern und das höchste Maß an Unmittelbarkeit haben. Wir sind im Gegensatz dazu die Experten für Bildung und Erziehung, haben jedoch ein anderes, oft sehr selektives Bild von den Kindern. Die beste Entwicklung und Förderung des Kindes liegt aber beiden am Herzen. Es sollte daher das Ziel sein, gemeinsam am Wohl des Kindes zu arbeiten, das Kind zu fördern und bestmöglich zu unterstützen.

Gemeinsame Ziele verfolgen

Im besten Falle erleben die Schüler, dass gemeinsame Ziele verfolgt werden, die zu gemeinsam getragenen Handlungen führen und dem Kind die notwendigen Grenzen bieten. So wird ein für das Kind verlässlicher, Sicherheit bietender Weg eingeschlagen, auf dem Fortschritte in der emotional-sozialen Entwicklung möglich werden.

Empfehlenswert ist es, den Fokus bei einem Elterngespräch zunächst auf Positives zu lenken. Stärken oder bereits erfolgte Verbesserungen sind entscheidend, diese gilt es wahrzunehmen, zu kommunizieren, zu würdigen und weiterzuführen. Das erhält die Zuversicht, dem Ziel näher zu kommen, selbst wenn es auch immer wieder Rückschläge gibt.

Da die Kooperation mit Eltern ein zentraler, teilweise sehr sensibler Bereich des pädagogischen Alltags ist, sollte dieser ein wesentlicher Bestandteil der eigenen Professionalität sein. Durch regelmäßige Fortbildungen können Unsicherheiten abgebaut und die eigene Kommunikationsfähigkeit weiter geschult werden. Die Eltern Ihrer Schüler werden es Ihnen danken!

Aus dem Bereich der lösungsorientierten Gesprächsführung lassen sich viele Impulse für eine gewinnbringende Zusammenarbeit mit Eltern ableiten. Dazu gibt es vielfältige weiterführende Literatur.

Im Folgenden sind einige wichtige Tipps für den Kontakt zu den Eltern bei Elternabenden und Einzelgesprächen zusammengefasst, die sich in der Praxis bewährt haben.

Was möchte ich erreichen?	So kann ich es erreichen!
Vorbereitung für eine ergebnisoffene, wertschätzende Begegnung auf Augenhöhe	*Rechtzeitige Einladung, Vereinbarung von Raum und Zeit*
	Planung des Gesprächs inhaltlich, zeitlich und räumlich (KV 46, KV 47)
	Schriftliche Fixierung des Gesprächsverlaufs
Höfliche und freundliche Gesprächsatmosphäre herstellen	*Begrüßung* Wertschätzung ausdrücken, z. B. das pünktliche Erscheinen anerkennen
	Kulturelle Hintergründe beachten

Lösungsorientierter Gesprächsverlauf	***Gemeinsame Wege finden*** ▶ Grundhaltung: Akzeptanz, Empathie, Echtheit ▶ Positiver Beginn mit Stärken als Ansatzpunkt ▶ Ressourcenorientierung im Umfeld aufgreifen ▶ Suche nach den bereits erfolgten Lösungsansätzen und positiven Ausnahmen ▶ Protokollierung des Gespräches (KV 48)
Positiver Abschluss als Grundlage für Weiterführung der Kooperation	***Klarheit über Vereinbarung*** ***Bestimmung des weiteren Vorgehens und Termine (Intervalle festlegen)*** ***Vereinbarungen schriftlich mitgeben***

KV 47

VORBEREITUNG ZUM ELTERNGESPRÄCH

Elterngespräch mit: _____ am: _____

Schüler/in: _____ Klasse: _____

	Stichwörter / Notizen	Beispiele für Formulierungen, wichtige Anhaltspunkte
Begrüßung		Schön, dass Sie sich Zeit nehmen konnten! Haben Sie gut hierhergefunden? Konnten Sie sich in Ihrer Arbeitsstelle freinehmen?
Wertschätzung		Sie sind die/der Experte/in für Ihr Kind. Die Zusammenarbeit mit Ihnen ist mir sehr wichtig. Gibt es ein besonderes Anliegen von Ihrer Seite? **Aufmerksamkeit zeigen:** nonverbal: Blickkontakt, Nicken, Lächeln, zugewandte Körperhaltung aktives Zuhören: Ja, Oh, Aha … interessiertes Nachfragen: Tatsächlich?, Interessant!, Ich verstehe … Erzählen Sie

Lehrer-Eltern-Beziehung

KV 48	**PROTOKOLL ZUM ELTERNGESPRÄCH**

Elterngespräch mit: _____ am: _____

Schüler/in: _____ Klasse: _____

Thema	
Gesprächsverlauf	

5.2 Elternabende

„Wenn man schnell vorankommen will, muss man allein gehen. Wenn man weit kommen will, muss man zusammen gehen."
Indianisches Sprichwort

Sinn und Zweck von Elternabenden ist es, die Eltern kennenzulernen und sie über wichtige schulische Belange zu informieren. Auch bietet sich hierbei die Gelegenheit für die Eltern, sich gegenseitig kennenzulernen, private Kontakte zu pflegen oder die ihrer Kinder unterstützen zu können.
Um die Inklusion von Schülern mit Verhaltensauffälligkeiten zusätzlich zu stützen, sollten an Elternabenden folgende Hinweise Berücksichtigung finden:

Was möchte ich erreichen? | *So kann ich es erreichen!*

Eltern Unsicherheiten hinsichtlich der Schule nehmen	*Individuelle Begrüßung* Persönliche, namentliche freundliche Begrüßung ohne Vorurteile

	Freundliche Atmosphäre schaffen Klassenzimmer z. B. mit Blumen, Knabbersachen oder Getränken gestalten, Bilder und Fotos von den Schülern ausstellen oder zeigen
Informationen über die pädagogische Gestaltung des Schullebens geben	***Eltern detailliert aufklären*** Erklären Sie den Eltern die vereinbarten Erziehungsziele, -methoden und Konsequenzen, z. B. Rituale, Schul- und Klassenregeln und Konsequenzen dazu, evtl. Trainingsraum, Disziplinarausschuss etc.
Aufklärung zum Thema Inklusion	***Vorteile von Inklusion für alle Kinder*** ▸ Gemeinsames erzieherisches Ziel: das Erlernen von schulischen Verhaltensregeln, Verhaltensregeln gelten für alle ▸ Fehler passieren und dienen dem Lernprozess ▸ Jeder Schüler wird nach seinen Bedürfnissen unterstützt – gerechte Behandlung heißt unterschiedliche, nicht gleiche Behandlung! ▸ Vielfalt ist eine Chance für soziales Lernen der Schlüsselqualifikationen: Hilfsbereitschaft, Toleranz, Geduld im täglichen Miteinander u. v. m.
Information über Ihre Planungen	***Rechtzeitige Mitteilung*** z. B. zu geplanten Projekten, Mobbinggesprächen, Sozialem Lernen, Erlebnispädagogischen Aktionen, Klassenrat u. Ä.
Respektvolles Miteinander	***Vorurteilen begegnen*** Im Auge behalten, dass die anderen Eltern meistens schon vom auffälligen Verhalten eines Mitschülers/einer Mitschülerin gehört haben. ***Gerüchte vermeiden*** Deutlich und klar über einen Schüler/eine Schülerin mit auffälligem Verhalten sprechen, frei nach dem Grundsatz: „Was ich sage, muss wahr sein, aber ich sage nicht alles, was wahr ist." ***Offenen und respektvollen Umgang verlangen***

Für Erziehungsberechtigte von Schülern mit Verhaltensauffälligkeiten ist es nicht selten ein Spießrutenlauf zwischen den tatsächlichen oder vermuteten Einstellungen der Lehrer oder Eltern zu ihrem Kind. Ihre Unsicherheit oder auch Ablehnung zeigen sie in teilweise merkwürdig anmutenden Auftritten.

Durch das Erfahren von eigener Unsicherheit und Ablehnung durch Lehrer und andere Eltern sind die betroffenen Erziehungsberechtigten in einer denkbar schwierigen Situation. Sie agieren vielleicht nicht immer für alle Beteiligten nachvollziehbar, verkehren ihre Ängste ins Gegenteil und lassen sich beispielsweise zum Klassenelternsprecher wählen. Das Interesse von Ihnen als Lehrer an der Familiengeschichte hilft zur besseren Einordnung dieser Beobachtungen und zum Vermeiden von vorschnellen Urteilen.

Um das Verhältnis der Eltern zur Schule in einen positiven Kontext zu bringen, können sich Eltern nach ihren Möglichkeiten aktiv ins Schulleben einbringen. So werden ihre Begabungen wahrgenommen und wertgeschätzt. Dies kann zum Beispiel als Begleitpersonen bei schulischen Unternehmungen sein, durch das Mitbringen selbstgemachter, landestypischer Speisen zu Schulfesten, das Anbieten von Kursen zu bestimmten Themen, dem Mitwirken im Förderverein u. Ä.

6. Netzwerke

*„ Zusammenkommen ist der Anfang,
Zusammenarbeiten ist der Erfolg. "*
Henry Ford

Nicht alles können wir als Lehrer im Unterricht alleine managen. Es gibt tatsächlich verhaltensauffällige Schüler, bei denen das schulische Netzwerk nicht mehr ausreicht. Hier ist es nötig und unumgänglich, die Meinung und den Rat außenstehender Personen einzuholen.
In Deutschland existiert ein großes Beratungs- und Hilfesystem: Das schulische Beratungssystem mit Beratungslehrern, Schulpsychologen und in einigen Bundesländern den Mobilen Sonderpädagogischen Diensten (MSD) ist meist unsere erste Anlaufstelle. Darüber hinaus ist es manchmal jedoch auch empfehlenswert, außerschulische Beratungsstellen zu kontaktieren.
Jede Schule hat zudem ein dichtes Netzwerk, das zu weiterführenden Informationen, Tipps und Unterstützung verhelfen kann. Wir möchten Sie dazu ermutigen, dieses auch zu nutzen. Hierfür empfehlen wir Ihnen, zeitig eine Liste mit wichtigen Kontaktdaten anzulegen (KV 49).
Das folgende Schaubild soll einen Überblick über mögliche Kooperationspartner geben und zeigt, welche Anlaufstellen uns zur Verfügung stehen. Es kann hierbei natürlich kein Anspruch auf Vollständigkeit bestehen und ist regional verschieden.

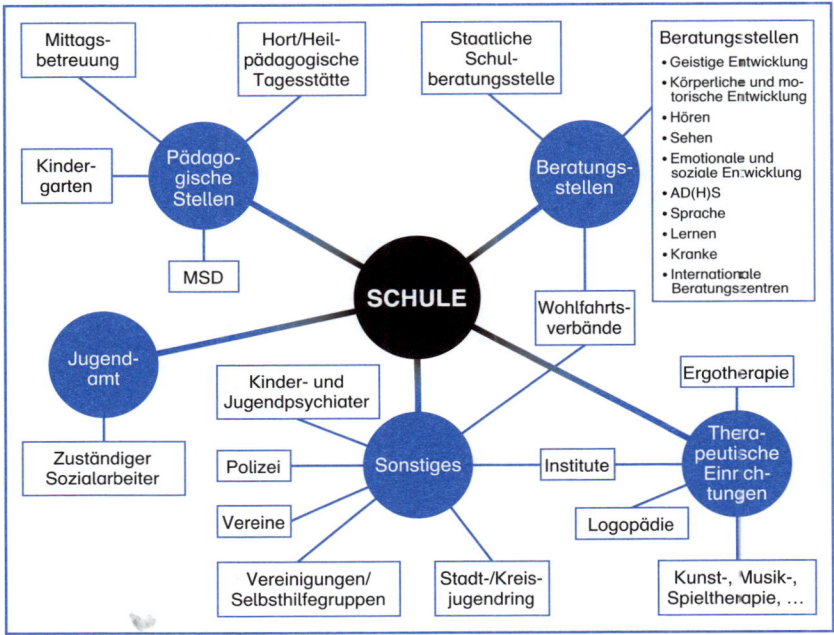

Was möchte ich erreichen? | *So kann ich es erreichen!*

Unterstützung und fachliche Hilfe in Anspruch nehmen

Liste mit Kontaktdaten erstellen
- Beratungslehrer
- Schulpsychologe
- Mobiler Sonderpädagogischer Dienst (MSD)
- außerschulische Beratungsstellen
- …

KV 49

Wichtige Kontaktdaten

Schulisches Netzwerk	
Beratungslehrer/in Name: Tel.:	**Schulpsychologe/in** Name: Tel.:
Beratungsstelle SFZ (Sonderpädagogisches Förderzentrum) Name: Tel.:	**Staatliche Schulberatungsstelle** Name: Tel.:

Mobile Sonderpädagogische Dienste:		Nachmittagsbetreuung:	
Lernen Name: Tel.:	**Emot.-soziale Entwicklung** Name: Tel.:	**Hort/Mittags-betreuung** Name: Tel.:	**HPT/integr. Hort** Heilpädagogische Tagesstätte / integrativer Hort Name: Tel.:
Hören Name: Tel.:	**Sehen** Name: Tel.:	**Hort/Mittags-betreuung** Name:	**HPT/integr. Hort** Name: Tel.:

7. Psychohygiene

" Wer nicht für sich selbst sorgt, kann auch nicht für andere sorgen. "
Unbekannt

Vielleicht haben Sie diesen Spruch schon einmal gehört. Er weist auf die Notwendigkeit eines achtsamen Umgangs mit sich und seinen eigenen Ressourcen hin. Die Anforderungen an Lehrer nehmen stetig zu. Auch im Rahmen der Inklusion entstehen ständig neue Aufgaben und Herausforderungen.

Damit wir bei alldem nicht selbst auf der Strecke bleiben, wollen wir im Folgenden zwei wichtige Komponenten der Psychohygiene ansprechen, die im pädagogischen Alltag als Anker dienen können.

7.1 Zeitmanagement

" Die Kunst des Ausruhens ist ein Teil der Kunst des Arbeitens. "
John Steinbeck

Wir können die Zeit nicht an sich verändern, wohl aber eine gute Einteilung vorhandener Zeit planen. Dies kann negativen Stress (Disstress) reduzieren.

Eine gute Planung kann als Chance genutzt werden, sich selbst Freiräume zu schaffen. Diese Freiräume können Zeitpuffer für unvorhergesehene Aufgaben sein, die keinen Aufschub dulden. Wichtiger aber ist ein expliziter Freizeit-Freiraum: Dieser darf nur für sich und nicht für schulische Belange genutzt werden. Zeit für ein Hobby oder anderes soll als Ausgleich zur Schule dazu dienen, durchatmen und auftanken zu können, einen klaren Kopf zu bekommen und neue Kräfte zu sammeln.

Nur etwa 60 Prozent der vorhandenen Zeit sollten für anstehende Aufgaben verplant werden, der Rest dient dem individuellen Freiraum.

Ein bewusster Umgang mit der eigenen Zeit zahlt sich aus. Je ausgeglichener ein Lehrer ist, desto unbeschwerter kann er schwierige Situationen im Alltag meistern.

Folgende Tipps sind dabei hilfreich:

Effektives Zeitmanagement

Arbeitszeiten notieren
Dazu gehören auch Vor- und Nachbereitung oder Gespräche, um einen klaren Anhaltspunkt für angemessene Auszeiten zu haben.

Pausen und Auszeiten einplanen
Explizite Freizeit-Freiräume in den Wochenstundenplan schreiben: z. B. „Kaffeetrinken mit ..., Bummeln, Lesen"

Aufgaben schriftlich notieren
Anhand von Tages- oder Wochenplänen im Sinne einer To-do-Liste; nach Erledigung der Aufgaben werden diese abgehakt oder durchgestrichen: Diese Visualisierung motiviert.

Prioritäten setzen
Aufgaben anhand ihrer Wichtigkeit sortieren, Wichtiges immer zuerst bearbeiten; für unwichtigere Aufgaben sollte weniger Energieaufwand bereitgestellt werden.

Beachtung des „Pareto-Prinzips"
Dieses besagt, dass mit nur 20 Prozent des eingesetzten Aufwands an Zeit und persönlicher Energie bereits 80 Prozent des Ergebnisses erreicht werden. Die restlichen 80 Prozent Einsatz führen nur zu einer 20%igen Steigerung des Ergebnisses. Daher ist es sinnvoll, nicht in allen Bereichen Perfektion anstreben zu wollen, sondern die noch vorhandenen 80 Prozent für neue Aufgaben zu nutzen.

Beachtung des „Parkinsonschen Gesetzes"
Dieses besagt, dass sich Arbeit genau in dem Maß ausdehnt, wie Zeit für ihre Erledigung zur Verfügung steht. Je mehr Zeit ich also habe und dafür zu investieren bereit bin, desto länger benötige ich auch, ohne das Ergebnis jedoch groß zu verändern. Daraus folgt, dass ich mich zeitlich einschränke, um Energien anderweitig sinnvoll nutzen zu können.

Arbeitszeiten effektiv nutzen
Sich in diesen Zeiten wenn möglich nicht ablenken lassen, ein „Bitte-nicht-stören"-Schild an die Türe hängen und Anrufbeantworter einschalten.

Feste Zeiten für E-Mails und Telefonate planen

NEIN sagen lernen

7.2 Humor

*„ Geduld und Humor sind zwei Kamele,
mit denen man durch jede Wüste kommt. "*

Türkisches Sprichwort

Die eigene Belastung lässt sich gut daran messen, inwieweit man noch dazu in der Lage ist, humorvoll mit schwierigen Situationen umzugehen. Vielleicht kennen Sie Tage, an denen man guten Mutes in die Schule kommt und einen scheinbar nichts aus der Ruhe bringen kann. An diesen Tagen sind wir besonders gut in der Lage, Dinge positiv zu betrachten. Dies ermöglicht ungeahnte Chancen und setzt Ressourcen frei, da aufgrund der vorhandenen positiven Stimmung eine lockere Haltung möglich ist, die wiederum andere, kreative Lösungen begünstigt und Schwierigkeiten nicht unbedingt als solche einstuft. Probleme mit dem notwendigen Abstand zu betrachten ist ein wichtiger Bestandteil der eigenen Professionalität. Dies bedeutet, dass man nicht selbst als private Person Teil des Problems ist, sondern in der Rolle des Lehrers, in der man sich für die Zeit in der Schule bewegt! Das ist ein wichtiger Unterschied, um Probleme von sich abstreifen zu können und nicht mit nach Hause zu nehmen.

 Wie bereits häufig erwähnt, haben die Schwierigkeiten einzelner Schüler nichts mit der Person des Lehrers zu tun und sollten daher nie persönlich genommen werden!

Natürlich gibt es auch Tage, an denen dies nicht möglich ist. Diese sollten jedoch in der Minderheit bleiben. Damit dies gelingen kann und der eigene Humor nicht zu kurz kommt, sollte man als Lehrer verschiedene Anker nutzen:

- Kurze Gespräche mit geschätzten Kollegen führen.

- Kleine Bilder (auch Comics) am Pult oder an der Wand können zu persönlichen Erinnerungen werden, die Dinge nicht zu ernst zu nehmen. Probieren Sie dies gleich aus! Zeichnen Sie in die Gedankenblase dieses Männchens Ihre persönliche Kraftquelle:

- Auch ein gemeinsames Lachen mit den Kindern ist eine wunderbare Situation und sollte so häufig wie möglich initiiert werden!

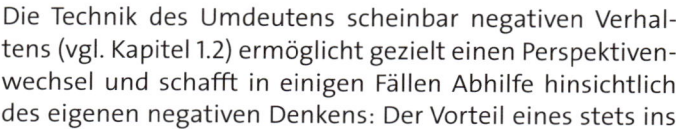

Die Technik des Umdeutens scheinbar negativen Verhaltens (vgl. Kapitel 1.2) ermöglicht gezielt einen Perspektivenwechsel und schafft in einigen Fällen Abhilfe hinsichtlich des eigenen negativen Denkens: Der Vorteil eines stets ins Gespräch hineinrufenden Schülers liegt in seinem exzellent ausgebildeten Allgemeinwissen sowie einem stark ausgeprägten Selbstbewusstsein. Dies kann in den richtigen Situationen prima für die gesamte Klasse genutzt werden. Oder: Der „faule Schüler" besitzt also vielfältige Möglichkeiten, gut für sich zu sorgen, indem er andere für sich arbeiten lässt! Eigentlich clever, oder?

Diese Beispiele sollen verdeutlichen, dass es an unserer Haltung und Einstellung liegt, wie Dinge oder Probleme wahrgenommen werden. Genauso liegt es an uns, mit mehr Humor für ein besseres Klima zu sorgen, indem schwierige Situationen so entschärft und die Sicht auf scheinbar Negatives verändert werden kann.

Was möchte ich erreichen? | *So kann ich es erreichen!*

Positive Stimmung, humorvoller Umgang

Anker als visuelle Unterstützung

Perspektivenwechsel

7.3 Und zum Schluss

„Wenn ich nur eine einzige düstere Kindheit erhellen konnte, bin ich zufrieden."

Astrid Lindgren

Bei allen Bemühungen um die Inklusion von Schülern, die als schwierig erlebt werden, geht es zum großen Teil darum, sich als Lehrer hinsichtlich eigener Haltungen kritisch zu hinterfragen und Misserfolg nicht auf ungünstige äußere Umstände zu schieben oder zu bagatellisieren. Vielmehr sollen wir Verständnis für die Schwierigkeiten der Schüler entwickeln und produktiv und zielorientiert mit einer Situation umgehen. Ein Abgleich der eigenen Ziele mit denen der Schüler ist notwendig. Sind diese überhaupt vereinbar? Habe ich zu hohe Erwartungen an mich oder an die Schüler?

Es gibt viel auszuprobieren! Im Sinne der Lösungsorientierung sollte aber immer nur so viel Energie aufgewendet werden, wie sie zur definierten Zielerreichung vorhanden ist. Nicht mehr! Insoo Kim Berg und Scott Miller haben 1995 hierfür drei Regeln aufgestellt, die wir gut in unseren pädagogischen Alltag übernehmen können (aus Hennig/Ehinger, S. 32):

1. Wenn etwas nicht kaputt ist, mache es nicht ganz!
2. Wenn du einmal weißt, was funktioniert, mach mehr vom Selben!
3. Wenn es nicht funktioniert, lass es sein, mache etwas anderes!

Wir wünschen zu alledem viel Mut und weisen mit Nachdruck darauf hin, dass auch Scheitern erlaubt, sogar notwendig ist, wie das Zitat von Samuel Beckett treffend beschreibt:

„Hast du es je versucht? Bist du je gescheitert?
Versuch es noch einmal. Scheitere noch einmal. Scheitere besser!"

Samuel Beckett

Literaturverzeichnis

- **Beauftragte der Bundesregierung für die Belange behinderter Menschen (2017):** *Die UN-Behindertenrechtskonvention. Übereinkommen der Vereinten Nationen über die Rechte der Menschen mit Behinderungen.* Bonn: Hausdruckerei BMAS

- **Eckhart, Michael u. a. (2011):** Langzeitwirkungen der schulischen Integration: Eine empirische Studie zur Bedeutung von Integrationserfahrungen in der Schulzeit für die soziale und berufliche Situation im jungen Erwachsenenalter. Bern, Stuttgart, Wien: Haupt Verlag.

- **Heimlich, Ulrich (1999):** Gemeinsam lernen in Projekten: Bausteine für eine integrationsfähige Schule. Bad Heilbrunn/Obb.: Klinkhardt Verlag.

- **Heimlich, Ulrich/Behr, Isabel (2005):** Integrative Qualität im Dialog entwickeln: Auf dem Weg zu inklusiven Kindertageseinrichtung. Münster: Lit. Verlag.

- **Malina, Barbara (Hrsg.) (2009):** Leitlinien für die Bildungspolitik. Deutsche UNESCO-Kommission e. V. DUK: Bonn.

- **Werning, Rolf/Lütje-Klose, Birgit (2003):** Einführung in die Lernbehindertenpädagogik. München, Basel: E. Reinhardt Verlag

- **Bamberger, Günter (2010):** Lösungsorientierte Beratung. Weinheim, Basel: Beltz Verlag.

- **Bergsson, Marita/Luckfiel, Heide (2012):** Umgang mit „schwierigen" Kindern. Berlin: Cornelsen Verlag. 9. Auflage

- **Bohl, Thorsten et al. (2010):** Selbstbestimmung und Classroom-Management. Empirische Befunde und Entwicklungsstrategien zum guten Unterricht. Bad Heilbrunn: Verlag Julius Klinkhardt.

- **Braun, Dorothee/Schmischke, Judith (2006):** Mit Störungen umgehen. Berlin: Cornelsen Verlag. 1. Auflage

- **Brisch, Karl Heinz (Hrsg.) (2012):** Bindung und frühe Störungen der Entwicklung. Stuttgart: Verlag Klett-Cotta. 2. Auflage

- **BZgA (Bundeszentrale für gesundheitliche Aufklärung) (2002):** Achtsamkeit und Anerkennung. Braunschweig: Westermann Verlag.

- **Deiner, Stephan (2009):** Elterngespräche lösungsorientiert führen. DVD mit Begleitheft. Mindelheim: Verlags-Loesungen.

- **Eichhorn, Christoph (2012):** Classroom-Management. Stuttgart: Verlag Klett-Cotta. 5. Auflage

- **Eichhorn, Christoph (2013):** Klassenregeln. In: Grundschulmagazin 4/2013. München: Oldenbourg Schulbuchverlag.

- **Furmann, Ben (2012):** Ich schaff's! Heidelberg: Carl-Auer Verlag.

- **Graf, Doris/Schlegel, Heinz (2010):** Lösungsorientierte Gesprächsführung in der Beratung. In: Honal, Werner H. u. a. (Hrsg.) (2010): Handbuch der Schulberatung. München: Olzog Verlag.

- **Griebel, Wilfried/Oberndorfer, Rotraut (2007):** Scheidung und Trennung. Reaktionen der Kinder und der Schule. In: Staatsinstitut für Frühpädagogik (Hrsg.) (2007): Das Familienhandbuch. München: IFP.

- **Hattie, John (2008):** Hattie Studie 2008. In: Hattie, John u. a. (2013): Lernen sichtbar machen. Baltmannsweiler: Schneider Verlag Hohengehren.

- **Havers, Norbert (1981):** Erziehungsschwierigkeiten in der Schule: Weinheim, Basel: Beltz Verlag. 2. Auflage

- **Hillenbrand, Clemens (2002):** Einführung in die Verhaltensgestörtenpädagogik. München, Basel: Reinhardt Verlag. 2. Auflage

- **Hennig, Claudius/Ehinger, Wolfgang (2012):** Das Elterngespräch in der Schule. Donauwörth: Auer Verlag. 6. Auflage

- **Jansen, Fritz/Streit, Uta (2006):** Positiv lernen. Heidelberg: Springer Verlag.

- **Juul, Jesper (2012) [1]:** Dein kompetentes Kind. Reinbek bei Hamburg: Rowohlt Taschenbuch Verlag. 8. Auflage

- **Juul, Jesper u. a. (2012) [2]:** Miteinander. Wie Empathie Kinder stark macht. Weinheim und Basel: Beltz Verlag. 3. Auflage

- **Juul, Jesper (2013):** Schulinfarkt. München: Kösel Verlag.

- **Kleindiek, Gerhard (2005):** Das TeamPinBoard. Nürnberg: Eigenverlag

- **Kounin, J. S. (2006):** Techniken der Klassenführung (Original der deutschen Ausgabe, 1976). Münster: Waxmann

- **Lohmann, Gert (2003):** Mit Schülern klarkommen. Berlin: Cornelsen Verlag. 2. Auflage

- **Molnar, Alex/Lindquist, Barbara (2009):** Verhaltensprobleme in der Schule. Dortmund: Borgmann Verlag. 9. Auflage

- **Myschker, Norbert (2009):** Verhaltensstörungen bei Kindern und Jugendlichen. Stuttgart: W. Kohlhammer GmbH: 6. Auflage

- **Palmowski, Winfried (2010):** Nichts ist ohne Kontext: Systemische Pädagogik bei Verhaltensauffälligkeiten. Dortmund: Verlag Modernes Lernen. 2. Auflage

- **Palmowski, Winfried (2007):** Der Anstoß des Steines: Systemische Beratung im schulischen Kontext. Dortmund: Borgmann Verlag. 6. Auflage

- **Rhode, Rudi/Meis, Mona Sabine (2006):** Wenn Nervensägen an unseren Nerven sägen. München: Kösel Verlag. 2. Auflage

- **Rips, Diane (2009):** Bewegungsangebote im Wochenplan: 1. bis 4. Schuljahr. Mit Bewegungskartei. Hamburg: Persen im Aap Lehrerfachverlag. 5. Auflage

- **Roth, Gerhard (2011):** Bildung braucht Persönlichkeit. Wie Lernen gelingt. Stuttgart: Verlag Klett-Cotta.

- **Rosenberg, Marshall B. (2004):** Konflikte lösen durch Gewaltfreie Kommunikation. Freiburg: Herder Verlag.

- **Scholtes, Cornelia/von Kuester, Ursula/Webersberger, Annette (2010):** Deutsch-Stars. Lesetraining 1. München: Oldenbourg Schulbuchverlag.

- **Scholtes, Cornelia/von Kuester, Ursula/Webersberger, Annette (2010):** Deutsch-Stars. Lesetraining 2. München: Oldenbourg Schulbuchverlag.

- **Scholtes, Cornelia/von Kuester, Ursula/Webersberger, Annette (2009):** Deutsch-Stars. Lesetraining 3. München: Oldenbourg Schulbuchverlag.

- **Scholtes, Cornelia/von Kuester, Ursula/Webersberger, Annette (2010):** Deutsch-Stars. Lesetraining 4. München: Oldenbourg Schulbuchverlag.

- **Scholtes, Cornelia/von Kuester, Ursula/Webersberger, Annette (2013):** Deutsch-Stars. Lesetraining für Ritter, Räuber und Piraten 1/2. München: Oldenbourg Schulbuchverlag.

- **Scholtes, Cornelia/von Kuester, Ursula/Webersberger, Annette (2011):** Deutsch-Stars. Lesetraining für Fußballfans 3/4. München: Oldenbourg Schulbuchverlag.

- **Scholtes, Cornelia/von Kuester, Ursula/Webersberger, Annette (2012):** Deutsch-Stars. Lesetraining für Krimifans 3/4. München: Oldenbourg Schulbuchverlag.

- **Scholtes, Cornelia/von Kuester, Ursula/Webersberger, Annette (2012):** Deutsch-Stars. Lesetraining für Meeresfans 3/4. München: Oldenbourg Schulbuchverlag.

- **Scholtes, Cornelia/von Kuester, Ursula/Webersberger, Annette (2011):** Deutsch-Stars. Lesetraining für Pferdefans 3/4. München: Oldenbourg Schulbuchverlag.

- **Steffens, Ulrich/Höfer, Dieter (2012):** Was ist das Wichtigste beim Lernen? Folgerungen aus der Hattie-Studie (Teil 1). In: SchulVerwaltung Bayern: Zeitschrift SchVwBY 11/2012, S. 290–292. Köln: Verlag Wolters Kluwer, Carl Link Zeitschriften.

- **Stähling, Reinhard/Wenders, Barbara (2013):** „Das können wir hier nicht leisten". Wie Grundschulen doch die Inklusion schaffen können. Baltmannsweiler: Schneider Verlag Hohengehren.

- **Weidner, Margit:** Sozialziele-Katalog I, II, III. Igensdorf-Pettensiedel: Eigenverlag Dr. Wolfgang Weidner.
www.soziale-kinder-lernen-besser.de

- **Weidner, Margit (2003):** Kooperatives Lernen im Unterricht: Das Arbeitsbuch. Seelze: Klett-Kallmeyer Verlag. 5. Auflage

- **Weschke-Scheer, Barbara (2013):** Lehrerbücherei Grundschule: Interkulturelles Arbeiten mit Kindern und Eltern. Berlin: Cornelsen Verlag.

- **Wilms, Ellen und Heiner (2000):** Erwachsen werden. Life-Skills-Programm für Schülerinnen und Schüler der Sekundarstufe 1. Handbuch für Lehrerinnen und Lehrer. Wiesbaden: Lions-Club International. 2. Auflage

- Zeisler, Maria/Jaufenthaler, Gottfried (2005): Tiefe Ruhe für Kinder. Wien: homebase-records Verlag.

- Zwenger-Balink, Brigitte (2004): Komm, wir finden eine Lösung! Training zur Gewaltprävention mit Grundschulkindern. München: Reinhardt Verlag.

Internetquellen

- **bpb (Bundeszentrale für politische Bildung):** KlassenCheckUp. http://www.bpb.de/lernen/unterrichten/grafstat/46267/projekt-klassencheckup; zuletzt aufgerufen am 24.02.2014

- **Grüne Liste Prävention:** http://www.gruene-liste-praevention.de/nano.cms/datenbank/information; zuletzt aufgerufen am 24.02.2014

- **Kleindiek, Gerhard (2005):** Das TeamPinBoard: www.teampinboard.de; zuletzt aufgerufen am 24.02.2014

- **Staatsinstitut für Schulqualität und Bildungsforschung (Hrsg.) (2010) [1]:** Erziehung Konkret 4. München: www.isb.bayern.de; zuletzt aufgerufen am 24.02.2014

- **Staatsinstitut für Schulqualität und Bildungsforschung (Hrsg.) (2011)[2]:** Erziehung Konkret 6. München: www.isb.bayern.de; zuletzt aufgerufen am 24.02.2014

Musik-Tipp

- **BZgA Bundeszentrale für gesundheitliche Aufklärung (2002):** Musik-CD Lied und Bewegung. Köln

Inhaltsverzeichnis zur CD-ROM

Praxishelfer Inklusion: Förderschwerpunkt Emotional-soziale Entwicklung, Schwierige Situationen im Unterrichtsalltag meistern

1. Handlungsmöglichkeiten der Lehrer-Schüler-Interaktion

KV 1   Lehrerreflexionsbogen 1: Beziehung zu einzelnen Schü ern

KV 2   Lehrerreflexionsbogen 2: Unterrichtsmanagement

KV 3   Verhaltensvertrag

2. Handlungsmöglichkeiten auf Klassenebene

KV 4   Checkliste: Verwendung und Gestaltung von Arbeitsmaterial

KV 4   Checkliste: Lehrerverhalten

KV 5   Checkliste: Raumgestaltung

KV 6   Checkliste: Zeitmanagement

KV 7   Checkliste: Verfahrensabläufe

KV 8   Ämterverteilung kooperatives Lernen

KV 9   Arbeitsregeln kooperatives Lernen

KV 10 Karten zur Reflexion

KV 11 Auftragskärtchen

KV 12 Bildkarte Glückspilz

KV 13 Morgenlose und Themen für die Morgenrunde

KV 14 Bildkarte Papagei

KV 15 Psst!-Kärtchen und Bildkarte Rettungsring

KV 16 Die freundlichen 5 Minuten

KV 17 Positive Reflexion: Satzanfänge

KV 18 Positive Reflexion: Satzanfänge

KV 19 Reflexionsblatt: Klasse 1 zum Malen und Schreiben einzelner Wörter

KV 20 Reflexionsblatt: Klasse 2 bis 4 zum Ankreuzen

KV 21 Reflexionsblatt: Klasse 4 zum eigenständigen Schreiben

KV 22 Detektivbogen für Positives

KV 23 Vorlage für Tischkärtchen – Individualziele

KV 24 Lobbriefe – Vorlagen

KV 25 Lobstreifen für das Hausaufgabenheft

KV 26 Personenbingo 1

KV 27 Personenbingo 2

KV 28 Personenbingo 3

KV 29 Toasterspiel

KV 30 Kärtchen: Soziale Situationen

KV 31 Emotionen eines Tages

KV 32 Zuhörmeister – Urkunde

KV 33 Ämter des Klassenrats

KV 34 Ämter des Klassenrats – Buttons

KV 35 Protokoll Klassenrat

KV 36 Pausenplanung

KV 37 Stille Pause

3. Handlungsmöglichkeiten auf Schulebene

KV 38 Vorlage Sozialziel: Recht auf ungestörten Unterricht (Ich mache)

KV 39 Vorlage Sozialziel: Recht auf ungestörten Unterricht (Ich höre)

KV 40 Vorlage Sozialziel: Recht auf ungestörten Unterricht (Plakat)

KV 41 Rückmeldebogen für Auszeiten

4. Handlungsmöglichkeiten im Kollegium

KV 42 Hospitationsprotokoll

KV 43 Vierfelderschema

KV 44 Struktur einer Fallbesprechung

KV 45 Karten zum Sortieren der Lösungsideen

5. Kooperation mit den Eltern

KV 46 Checkliste Elterngespräch

KV 47 Vorbereitung Elterngespräch

KV 48 Protokoll Elterngespräch

6. Netzwerke

KV 49 Kontaktdaten

Systemvoraussetzungen zur Nutzung der CD-ROM:
Microsoft® Windows®-Systeme
Windows®-PC mit CD-ROM-Laufwerk
Windows® XP, Vista, 7
Microsoft® Office Word 2003, 2007, 2010

Apple® Macintosh®-Systeme
Mac® mit CD-ROM-Laufwerk
Mac® OS X ab Version 10.2.8
Microsoft® Office Word 2004, 2008, 2011

Diese CD-ROM hat uns viel Arbeit bereitet, damit Sie Ihnen Arbeit erspart. Bitte beachten Sie deshalb, dass diese CD-ROM in Einzellizenz vertrieben wird und verzichten Sie auch in Anbetracht des günstigen Preises auf illegale Weitergabe und Kopien (auch von Teilen) auf andere Datenträger. Davon ausgenommen sind selbstverständlich die Vorlagen für den Unterrichtseinsatz.

So gelingt Inklusion

Aus der Praxis für die Praxis: ausgefallene Lösungsansätze und klare Handlungsbeispiele

SEKUNDARSTUFE I + II
Katja Tews-Vogler
Nina Bähnk
99 Tipps
Inklusion an Schulen
Cornelsen
ISBN 978-3-589-15813-3

Das hilft Ihnen gleich morgen weiter:

- Vielfalt heterogener Gruppen nutzen
- Individualisiertes Lernen und differenzierte Aufgabenstellungen
- Kooperative Lernformen und geeignete Lernarrangements
- Diagnose und Begleitung individueller Lernentwicklung
- Umgang mit Unterrichtsstörungen
- Klassenführung und Teamarbeit
- Gespräche mit Kollegen und Eltern führen

Mehr Informationen unter
cornelsen.de/unterrichtsmaterial-ratgeber

Cornelsen